指導者のエゴが才能をダメにする

ノムラの指導論

野村克也

KANZEN

指導者のエゴが才能をダメにする　ノムラの指導論　目次

序章　間違いだらけの〝褒める指導法〟

今、「褒める指導者」が増えている！への違和感

あれはたしか昨年の夏のことだった。

旧知の新聞記者との仕事に向かうため、車で多摩川沿いを走っていたところ、グラウンドで少年野球の試合が行われていた。私は少しの間、車を停めてもらった。

試合を観ていると、何でもないイージーなゴロをショートの選手がエラーをした。

「ありゃ、ベンチに戻ったら監督やコーチに叱られるな」

そう思ってしばらくしてからチェンジとなったので、「そうら来るぞ」と思ったものの、ベンチから一向に叱られる声が響いてこない。コーチらしき人と二言三言、会話を交わしているようだが、「キツくお灸を据えられた」という雰囲気が微塵も感じられない。

私にしてみれば、このときの光景があまりにも不思議に思えたので、仕事場についてから記者にこのときの様子を、一部始終話をした。すると、記者から返ってきた答えは、次

のようなことだった。

「野村さん、今はスポーツの現場も『叱らないように指導する』のが主流となってきているんですよ」

なるほど、合点がいった。私は教育のプロではないが、昨今は子どもを「叱る」指導から「褒める」指導へと変わったというのは、以前から耳にしていた。学校ではもちろんのこと、スポーツ活動の現場でも同様の指導が広まってきているのだと実感した。

「褒める」指導というのは、正直、私にはあまりなじみがない。南海ホークスでの現役時代、鶴岡一人《かずと》監督からは褒められたことはわずかに2回だけ。後は数えきれないほど叱られた経験しかなかった。

もちろん時代背景が、当時と今ではまったく違う。昭和30年代のプロ野球と言えば、太平洋戦争を経験した軍隊上がりの人たちが指導者となっていた。戦争は生死を分ける戦いの渦中にいる。「生きるか、死ぬか」の過酷な緊張状態のなかに身を置けば、厳しい言葉の1つや2つくらいは出てくるものだろう。

実際、鶴岡さんは軍隊で経験したことを野球に取り入れていた。その象徴が、ミスしたときに飛び交った「軍隊用語」だ。

「営倉《えいそう》に入れるぞ！」

もっとも多く聞いた言葉だ。「営倉」とは、牢屋と言い換えてもいい。とにかく鶴岡さんは激しい言葉で叱咤することがしょっちゅうあった。

だが、今の時代はそれが許されない。「褒める、叱らない指導」が、小中学校の現場でも一般化しつつある。時代の変化と言われればそれまでだし、人をけなしたり叩く行為はもってのほかだが、果たして「叱らない指導」が子どもたちにとって本当に良いことなのか、考えさせられてしまう。

鉄拳制裁は意味がない

私は「褒められる」ことに対しての免疫がない。「叱られる」ことで成長してきたし、そのプロセスのなかでは鉄拳制裁を受けることだってあった。

ただし鉄拳制裁を受けたことによって、人間的に何か1つでも成長したことがあるのかと聞かれれば、それは「ない」と断言する。鉄拳制裁を「愛のムチ」などと言う人もいるが、私にしてみれば単に「コノヤロー」と怒りの感情しかないように思える。

だから私は選手に対して手を上げたことはない。自分が経験して無意味だと思ったことは、選手に対しても一切しなかった。

では、「叱らない、褒めてばかりの指導」はどうだろう。

これについても、私は異を唱えたい。

褒める指導というのは、一見効果があるように思われやすい。だが、人間というのは褒め続けられてしまうと、それが当たり前となってしまい、「あの人に褒めてもらった」という感動はなくなってしまう。

人間というのは不思議なもので、**褒められているうちは、そこそこの努力で止めてしまうことのほうが多いうえに、さらに上を目指そうという意欲も失いがちだ。**それでは人が何かのスキルを身につけたいときに、効果的な方法であるとは言い難い。

南海時代の私は、とにかく鶴岡さんからけなされた。

苦手にしていた西鉄ライオンズの稲尾和久投手に打ち取られると、

「お前は二流はよう打つが、一流になると打てんのう。いいか、あれがゼニのとれる投手というもんや」

もちろん悔しかった。「今に見ておれ」、敗北感のなかからなんとか一泡吹かしてやろうと強い気持ちを持って、練習に取り組んだ。鶴岡監督からの罵声をあえて「期待の裏返し」と考え、叱られたことをモチベーションにした。

人の倍以上バットを振り込んでは、手をマメだらけにした。それだけではない。苦手だった天敵・西鉄の稲尾和久投手の投球フォームを16ミリのフィルムに収め、擦り切れるほど見ては、「何かクセがないか」を探った。

「鶴岡監督を認めさせてやる!」

そうした強い気持ちが、私に努力と創意工夫をさせ、成長させていく原動力となっていったのは間違いない。

「叱る」にもさまざまな方法がある

今の指導のように褒めてばかりいるとどうだろう。うまくいっているときにはいいが、失敗や挫折にぶち当たったときに、「どうやって乗り越えていくべきか」を考えることができずに、大きなダメージを受けてしまう。

「もうこの程度でいいや。これ以上、しんどい思いをするのはゴメンだ」

褒められてばかりいると、どうしても苦しいことに立ち向かおうとする気持ちが薄らいでしまうのではないか。

「最近の若者は……」というフレーズはあまり使いたくないが、精神面でひ弱になっているのだとしたら、「褒めるばかりで、叱られることの免疫がないせいだ」とも考えられる。

幼少の頃から何でも与えられ、叱られることなく褒められて育っていく。挫折を乗り越えるという経験もなく、学校を卒業して社会に出た途端、自分より才能を持った人と出会い、物事が思うように進まなくなっていく。それで自信を喪失し、立ち直れないくらいに落ち込んでしまう――。

ここから這い上がるには、「強い気持ちを持つこと」が大切だ。ではその強い気持ちはどこで養われていくのか。それは、「叱られる」ことで、どうにかして自分の力で乗り越えていこうと考えていくしかない。そう私は見ている。

これは何も野球に限った話ではない。一般社会に置き換えた場合にすべてに当てはまることなのだ。

ひとくちに「叱る」と言っても、その方法はさまざまである。「バカヤロー」と怒鳴りつけるだけが叱るのではない。**今の指導者たちは「叱る＝怒鳴る」だと思っているから、叱ることへの抵抗が生まれてしまっているのかもしれない。**

叱るにも方法はいくつもある。諭すこともあれば、指摘することだってあるだろう。そうして相手が「そうか、だったらこうすればいいんだ」と次の行動に移せるような言葉を用いることができたのであれば、私はそれこそが「指導する」という意味につながってくるのだと思っている。

この本ではそうしたことも含めて、「選手の育て方」について、余すことなく語っていくことにした。野球は不思議なもので、どんなに下手な子でもいったんコツさえつかんでしまえば、朝顔が成長していくかのごとく、格段に早く伸びていくことがある。

私はそのことを1人でも多くのみなさんに知っていただきたいと思う一方、指導の参考にしていただければと願っている。

第1章

指導者が果たすべき役割とは

1

「愛のムチ」は殴ることではない。対話である

序章でも触れたとおり、監督時代、私は一度も選手に手を上げたことがない。

こう書くと、当然のように思えるが、私が現役の頃、「指導」には暴力がつきものだった。当時は軍隊を経験した人たちが指導者となるケースが多かった。軍隊は生死を懸けた戦いの場所だ。とくに太平洋戦争を経験された人は、さぞかし苦労されたと思う。

そうしたなかでも特筆すべきことは、一般社会では例を見ないほどの「行き過ぎた上下関係」が、軍隊で行われていたことに尽きる。俗に言う「しごき」の類は、ここで体験したことを、戦後になって「教育」という名のもとに、一般社会に持ち込まれてしまったからに他ならない。

それは野球界とて例外ではなかった。南海時代の鶴岡監督も軍隊経験者だ。軍隊時代は、相当理不尽な仕打ちをされたこともあっただろう。

だが、それを野球の指導に持ち込んでしまったのだから、仕える側、つまり部下となる選手たちはたまったもんじゃない。

私は野球の世界で成功するしかない、という強烈なハングリー精神があったから、どうにか持ちこたえることができたが、そうでなければ「殴られるのが当たり前の世界にいて、いったい何が得られるというんだ？」と疑問を抱き、早々にユニフォームを脱いでいたかもしれない。

あれから60年以上が経ち、時代は明らかに変わった。

今、殴ることは決して「愛のムチ」にはならない。暴力ととらえられる。たとえば高校野球などのアマチュアの現場でそんな振る舞いをしてしまえば、間違いなく大問題だ。責任を取って監督の座を追われ、下手すれば二度と指導者として現場に戻れないだろう。

たしかに何を言っても聞かない選手の対処に手を焼くことはある。時にはカッとなってしまう場面に遭遇してしまい、それがきっかけで選手に声を荒げ、手を上げてしまう——そうした事例は後をたたない。

けれども、「ついカッとなってしまう」からと言って、選手に手を上げるようなことは、指導者として到底許されるべきことではない。なぜなら**「カッとなってしまう」のは、指導者の一時の「コンチクショー」という憎しみからくるものであり、決して「愛のムチ」ではないからだ。**

私が強く言いたいのは、「叱るときに愛情があるかどうか」、これを持つことが大切だということだ。つまり、選手のためを思い、「やる気を促す言葉」をかけてあげられるかどうか——。これが今の指導者に求められているものだと、考えている。

アマチュアの世界はもとより、プロの世界にだって困り者の選手はいる。スカウトが選手を獲得するとき、人間性の部分をどこまで見聞きしているかはわからないが、「野球はうまいけど、人間性の部分は……」という選手は、ある程度のところまでは伸びても、真の一流選手の仲間入りを果たすことは、まずないと見ていい。

とくにプロ野球選手は、自己顕示欲の強い人間が多い。小さな頃から、野球のことに関してば「神童」などともてはやされ、仲間からは一目置かれて、周りの大人たちからはチヤホヤされる。なまじっか叱られたことなどないから、成長していくにつれて、態度が尊大になっていく。

プロ野球、アマチュア社会人チームの監督の経験を通じて言えることは、伸びる選手、大成する選手はやはり人間性に優れているということだ。

その人間性を形成する上で大きく影響するのが、「その選手が小学生から中学生、高校生と成長していくプロセスで、巡り会った指導者」である。その指導者の言葉や、指導内容がその選手の人生を左右することにもなる。

とくに高校生ともなれば、体は大人でも、精神面はまだまだ未熟な部分が多い。それでいて、野球の実力は誰もかなわないなんてことになったら、間違いなくチーム内で「お山の大将」となってしまいがちだ。

そんな状況になったとき、指導者はどういう態度でその選手と接するべきか。間違っても、褒めておだてて甘やかすようなことがあってはならない。

ここで試されるのが、指導者の「言葉のかけ方」なのである。

高校生の段階で、自分の力を過信し、うぬぼれてしまっている選手というのは、「自分より上のレベルの選手はいないだろう」「もう、このレベルまで到達したのだからいいだろう」という満足感が原因だ。こうした選手がドラフトで指名されて、いざプロの世界に入ってくると、自分より格段に上のレベルの選手がゴロゴロいる現実を目の当たりにして、一気に不安のどん底に突き落とされる。

それでも「ようし、先輩たちを追い抜いていこう」という気概が後から出てくればいいが、私が長年監督として見続けた限りでは、大成するどころか、一度も一軍の試合に出ることなく、ひっそりとユニフォームを脱いでしまう者が多い。

そこでかけてあげるとしたら、次のような言葉が有効だ。

「お前さんは今の実力で満足しているかもしれないが、世の中にはさらに上のレベルの選手がいるぞ。今、自分の実力で足りないものがあるとしたらそれは何か、自分を見つめなおして徹底的に磨きなさい。そうすれば今よりさらにワンランクもツーランクも上に行くことができるぞ」

このとき、きつい口調で叱る必要などないが、「対話をする」必要はある。

自信を持てない選手に対しても同様だ。

「毎日コツコツ積み重ねていけば、今より必ずうまくなるぞ」

対話をするなかで、選手にいかに気づかせてあげることができるか。それこそが指導者の腕の見せどころなのである。

個人の本能を抑制し、自己犠牲を払う。それが「チームワーク」

野球という競技において、チームワークを築くことは本当に難しい。個々の選手に対して意識づけを行ったとしても、いざ試合になると、自己犠牲を払えない選手は意外と多い。たとえば試合の終盤でワンアウト1塁という場面。ここで足のスペシャリストを代走に出した。当然、カウントによっては盗塁やヒットエンドランも考えていきたいところだ。しかし、打者は初球をあっさりと内野へ打ち上げてしまった。これでは作戦の立てようもない。ベンチに帰ってくるなり、

「どうして代走を出したのか、お前は考えられないのか！　お前のためにチームがあるんじゃない。チームのためにお前がいるんだぞ！」

こう言って、キツいお灸を据えたことは、一度や二度ではない。数えきれないほどある。相手のバッテリーに「盗塁があるぞ」と警戒させる。バッテリーは盗塁をされてはいけ

ないと、ストレート中心の配球になる。そこでベンチは盗塁ではなく、ヒットエンドランのサインを出す。

チームにとって、最善の策を設けることで、打者は有効打の確率を上げ、走者にとっても活躍できるチャンスを広げる。監督が頭でこう描いていても、一事が万事、うまくいくものでもない。選手も頭では理解しているつもりなのかもしれないが、初球から絶好球が来てしまうと、つい手を出してしまい、ポーンと打ち上げてしまう。

私が考えるチームワークとは、次の4つが当てはまる。

①1人より2人、2人より3人と力を結集して、団結力を生み出す。
②競争原理の制約があるなかで、チーム愛や思いやり、気配りを発生させる。
③選手たちには怠慢や手抜き、裏切り、自己中心的な行為は一切許さない。
④お互いを認め合い、思いやることで、個人の創造性と自発性をさらに促進させる。

先ほどのように初球をポーンと打ち上げて凡退した選手の場合だと、②の思いやりや気配りの不足、③の自己中心的な行為と首脳陣はとらえてしまうものだ。

だからこそ、「待て」のサインが出なくても、打者が自ら1球見送って「ストライク」だったとする。これは「消極的」だとは言わない。能動的かつ主体的に「待つ」ことは、積極性の表れであるのだ。

初球にストライクゾーンに来た。打ちたい。バットを振る。これは積極性ではなく、打者の持っている本能である。個人の本能のまま行動するのではなく、「チームワーク」という言葉を脳裏に描くことで、本能を抑制する。

よく野球は「筋書きのないドラマ」だと言われるが、ドラマには主役だけでなく、脇役、裏方、監督がいる。チームから求められている配役、つまり役割に気づき、チームを思いやる演技（プレー）をすること。

誰もが主役になりたいと思うはずだが、そこをグッとこらえさせて脇役に徹すること。監督はそんな脇役の力を最大限に引き出してあげることで、チームワークは高められていくのだ。

選手を育てる＝「人生」を教えること

そもそも指導とは何を意味するのだろう。私は野球の技術を教えるだけでなく、選手に対して「野球以外の部分」を触れさせることが大切だと思っている。その力がある指導者こそ、指導力に定評がある人と評価されるにふさわしい。

「野球以外の部分」とは、私の場合、「人間教育」にあたる。

その原点はヤクルト時代だった。私の自宅を訪ねてきて、当時の相馬和夫球団代表から監督要請の声を受け、「私でいいんですか？」と質問した後にこう答えられた。

「もちろんです。ウチの本物の選手たちに本物の野球を教えてやってください」

実に重い言葉である。**「本物の野球」というのは、「勝つための野球」とも受け取れるし、「基本に忠実な野球」「考えてプレーする野球」など、野球にまつわるさまざまな言葉が連想される。だが、私はあえて「人間教育」をしていくことを優先した。**

ヤクルト時代の春季キャンプ中は、「1時間」と決めて、全選手を前にミーティングを行っていた。ここで言うミーティングとは､相手チームの攻略法などを授けたのではない。それはシーズンに入ってからでも、いくらでも時間をとれるものだ。

私が時間をかけて選手に説いたのは、人間学や社会学、組織学である。人間とは「人の間」と書くが、そもそも人と人の間にいるのが人間である。そのために人間関係をいかに円滑にすることが大切なのか、この点が大きく問われてくる。

「なぜ野球に人間教育が必要なのか？」

私は野球の技術を向上させるには、人間教育なくしてはあり得ないと考えている。とくにプロ野球選手は、アマチュア時代、「野球がうまい」と評価を得て入団してきた。したがって「自分に力がある」と思っており、頑固で「職人気質」なタイプが多い。

しかし、プロの世界は誰もが通用するほど甘くない。

この世界で通用するには、アマチュア時代と同じ練習をしていてはダメだ。創意工夫をして、プロのレベルに必要なスピードと技術を身につけなければならない。

にもかかわらず、昔取った杵柄《きねづか》とでも言わんばかりに、過去の実績やプライドにばかりこだわり、変わろうとしない者は、永遠に大成することはない。

何もプロ野球の世界だけの話ではない。小学校・中学校・高校・大学と進学するにつれて、現状のままで満足していては、進化もしないし、レベルアップは望めない。以前は実力で上回っていた相手がいつの間にか、自分の上にいる。そんな経験は誰にでもあるはずだ。

「自分はこの世界ではまだまだ通用するレベルに到達していない。それならば、どうやってスキルを磨いていけばいいか」と謙虚に考え、わからないことがあれば指導者のアドバイスに素直に耳を傾ける。教えてもらったことに対して、「ありがとうございました」と言える人間であること。

この姿勢こそ、もっとも求められるものだ。

謙虚さや素直さがなく、人に頭を下げることなどできない——。これでは人間として成長していくのは難しい。

「お前は何のために生きているんや?」

ミーティングの冒頭、私は必ずと言っていいほど、選手にこう質問した。すると、返ってきたのは、「いいプレーをすること」「とにかく稼ぎたい」——。

たしかに「いいプレー」や「稼ぎたい」というのは、目標には値する。だが、「何のために生きるんや?」という問いかけに対して、「なんだ、その程度のものか」と思えてしまう。目標としてはあまりにも浅すぎるのだ。

そこで次はこんな話をした。

人生とは——「人として生まれる」「人として生きる」「人と生きる」「人を生かす」「人を生む」の5つの意味があるのだ——。

これを話してから、選手に対して「どういう人生を生きたいのか」「どういう人間になりたいのか」、この2つを定めることが重要だと説いた。そうなると、「どういう人生を生きたいのか」の答えは、「いいプレーをすること」「とにかく稼ぎたい」などという答えは出てこなくなる。

たとえば「子どもたちから憧れる内野手になりたい」という目標はどうだろう。そのためにするべきこと、打撃、守備、走塁をレベルアップさせる。レベルアップさせるには、毎日のルーティーンを決めて、それを必ず実行する必要がある。そうして1ヵ月、3ヵ月、半年、1年と続けて、自分のレベルは向上しているのか。向上していないとしたら、何が問題なのか、立ち止まって考え、解決策を図る。このように謙虚に自分自身を見つめることで、スキルアップをしていくというわけだ。

このような話から始めると、私は野球評論家時代の9年間で培ってきた知識を、惜しみもなく選手たちに授けた。ホワイトボードに私の考えをスラスラと書き連ねていくと、選手たちは野球以外の話が多かったことに驚く者もいれば、戸惑う者もいた。

だが、ミーティングで筆記したノートは、ものの1～2週間もすれば、真っ黒に埋まっていく。それを後になってから読み返す者もいれば、毎日手元に置いて暗記している者もいた。

こうして徐々にではあったが、私の考え方がチーム内に浸透していった。当時のヤクルトは万年Bクラス。とてもじゃないが、上位進出を狙えるようなチーム状況ではなかった。

けれども、才能を開花させていない者、あるいは才能があることに気づいていない者が多いように感じた。つまり、**彼らの考え方を変えてあげることさえできれば、本来持っている以上の力を引き出してあげることができるのではないか。**ひいてはそれがチームの戦力として大きく機能すると、私はヤクルトというチームを率いた直後から感じていたのだ。私の直感は当たった。就任1年目の90年こそBクラスに甘んじたものの、翌年は3位、そして3年目の92年は14年ぶりのリーグ優勝、翌年はリーグ連覇に日本一と、まさにヤクルトの黄金時代を築くことができた。

繰り返し言うが、私は春季キャンプのミーティングでは、選手たちに野球の戦術技術など1つも教えなかった。繰り返し説いていたのは、「人間教育」だった。それによってチームは良い方向に進むことができたと、今でもそう信じている。

どんな状況下においても、指導者は全力で選手を教えなくてはならない

人を教えることの難しさを実感したことは多々あるが、私が最も苦心したのは阪神の監督時代の3年間だった。

正直なところ、私はヤクルトの監督を退任した98年には、「これでしばらくゆっくり休めるかな」と考えていた。だが、思いもよらぬ、しかも関西で絶大な人気を誇る球団からの監督要請とあって、迷いながらも最後は、「ぜひ、引き受けましょう」と首をタテに振った。

当時の阪神は暗黒時代と言われる時期で、Bクラスどころか、最下位になることすら決して珍しくなかった。それでも私はヤクルト時代と同様に、「ミーティングで選手の意識を変えていけばいい」と考えていた。

だが、これが大きな間違いであることに気づくのに、時間はかからなかった。春季キャンプでミーティングをやったものの、ヤクルト時代とは違って、選手たちはどこか集中力

に欠けて、ソワソワ、ソワソワしている。

妙な違和感を抱きつつ、ひとしきり話をした後にミーティングの終わる時間がやってくると、「さあ、飲みに行こうぜ」と言わんばかりにそそくさと外出してしまう選手が数多くいた。これには唖然とした。

「なんだコイツら、誰もオレの話を聞いていないじゃないか」

不安は的中した。シーズンが始まると、選手の意識は変わることなく、試合に勝っても喜ばず、負けても悔しがることなく、淡々と試合数をこなしているだけのように思えた。これではチームは勝てるわけもない。

3年連続最下位――。これが私の阪神の監督時代の結果だった。今振り返っても、3年目は私自身、ミーティングに力が入らなかった。「どうせ聞いていないだろう」、私自身、そのように決めつけていたからだ。

けれども、時間が経ってから、私はこうした態度でミーティングに臨んだことに後悔した。当時は表立って言っていなかったが、後になってから私のミーティングを参考にしたという選手がいたからだ。その代表格は、桧山進次郎と矢野燿大《あきひろ》である。

桧山のことでとくによく覚えているのは、就任2年目の2000年にレギュラーの座をはく奪したことだった。8月下旬まで打率は2割に届くか届かないかというレベル。本当ならば腐ってもおかしくない話なのかもしれない。

だが、彼は違った。レギュラーのとき以上に激しい練習をしていて、決して手を抜くようなことはしなかった。彼のような選手はみんなのお手本になる——。そう考えた私は、二軍に落とさず一軍の帯同を命じた。

そのこともあってか、翌年は名誉挽回とばかりに活躍した。プロに入って初めての3割をマークしたとき、シーズン終了後に桧山を監督室に呼んで、こんな話をした。

「3割は初めてか。おめでとう。打線の中心としてよく頑張ってくれた。ありがとう」

桧山は引退したときに、このときの私の言葉は忘れることはないだろうと言ってくれた。晩年は「代打の神様」として存在感を示したが、決して腐ることなく、自己犠牲の精神を持って戦ってくれたことは本当にうれしかった。

そしてもう1人は矢野である。私が阪神の監督に就任した当初、彼は他の捕手とは違うリードをしようと考えていた。だが、「なぜ違うことがいいのか」について、まったく根拠を感じなかった。

そこで私は矢野に捕手として必要な思考をすべて伝授した。彼曰く、「学生時代よりも勉強した」らしい。そのおかげか、配球を学ぶようになってからは、「なぜそのボールを要求するのか」という根拠が見えだし、打撃成績も向上した。「相手バッテリーは打者・矢野をどう打ち取るか」、彼なりに考えて打席に立つようになったからだと、周囲の記者にも話していたようだ。

私が阪神の監督を退任してからも、矢野は「頭を使ってリードすること」の面白さがわかってきたと言っていた。その彼が今季から阪神の監督となる。12球団で唯一の捕手出身の監督なので、どんな采配をするのか、非常に注目している。

阪神監督時代を今でも振り返ると、正直苦い思い出しかないが、私の話を聞いて、それを実践しようとしていた選手もいたのは、まぎれもない事実だ。

指導者が「どうせ聞いてやしない」などと見切りをつけてしまうのは、職務を放棄したことと同じ意味合いを持つ。指導者たるもの、どんな状況下におかれても、選手を教育することはおろそかにしてはならないということを、阪神で教わった気がしている。

指導者だからこそ、常に己を磨き続ける責任がある

アマチュアの指導者と選手たちは、非常に勉強熱心である。このことを強く学んだのは、シダックスでの3年間だった。阪神の監督を退任した後、親交のあったシダックスの志太勤会長（当時）のお誘いもあって、どうしても監督の要請を断れなかったという経緯はあったのだが、今でも忘れられない志太会長の言葉がある。

「どうかウチの選手たちに『本物の野球』を教えてあげてください」

襟を正す思いがした。

「本物の野球」とは何か――。くしくもヤクルトの監督就任要請を打診された時の相馬球団代表と同じ言葉だ。

野球の技術は年々進化し、新しい理論も生まれる。それに応じて、かつての作戦や戦術が通用しないケースも出てくる。現代の野球にあわせて、新しい戦い方を見出す必要がある。

では「人間教育」はどうだろうか。これは今も昔も変わらず普遍的なものだ。そう考えた私はヤクルト、阪神時代と同じように、ミーティングを徹底して行った。

社会人の選手は、とにかく勉強熱心だ。ノートも一生懸命とるし、わからないことがあれば、質問も飛んでくる。「自分たちはプロではない。アマチュアだ」という意識があることで、野球に対して謙虚に取り組む姿勢へとつながっているようだった。

このことは、社会人野球の指導者にも同じことが言える。練習試合が終わった後、相手のベンチ裏に招かれてお茶を飲んでいると、

「ところで野村さん。先ほどの試合の6回裏の攻撃のときですが……」

などと戦況を振り返りつつ、「監督・野村克也ならどういう攻撃をしていたのか。あるいは守備陣形を敷いていたのか」ということを、こと細かく質問してくる監督ばかりだった。

そのようなときには、「あくまでも私の考えですが……」と前置きをしつつ、当時の状況から考え得る采配を話すようにしていた。

そのときは普通に話していただけだったので気にしていなかったが、後で振り返ったと

きに、「ああ、志太会長の言っていた『本物の野球』というのは、シダックスの選手だけでなく、他のチームの監督も知りたがっているんだな」ということを理解することができた。

とくに私がシダックスにいた当時、他のチームは40代の監督がもっとも多く、なかには30代後半で監督になっている者もいた。若い監督というのは、当然のことではあるが経験も実績もない。専門知識の量だって当然少ないはずだ。

かくいう私自身も、35歳のときに南海でプレイング・マネージャーになったが、当時は不安で仕方がなかった。マスコミからは「青年監督」などと持ち上げられたが、選手たちが自分を甘く見ているんじゃないか、舐めているんじゃないかと、自分自身で考えてしまっていたものだ。

なにせ私よりも先輩の人がコーチにいて、その人を「さん」付けで呼んでいるのだから、監督としてサマになっていたとは思えない。

そこで私は野球を一から勉強した。コーチや選手たちから何か質問されたときに、「知らない」では済まされない、もしそんなことになれば、彼らから、「ああ、この監督は何も知らないんだな」と下に見られてしまうことだってある。そんな状況だけは絶対に作ってはならない。それだけに私も監督業というものに対して必死に取り組んできた。その結果、今があるのだと自負している。

年齢に関係なく、常に学ぼうとする姿勢。謙虚に追究しつづける貪欲さ。人に教える立場だからこそ、己自身を磨き続ける必要があるのだ。

「甲子園の優勝投手」の多くがプロで大成せず——選手は過去の栄光を捨てよ

甲子園の優勝投手——こう聞くと、野球界のなかでもエリート中のエリートのように思える。けれども、甲子園の優勝投手が、プロ野球の世界に入って大成するとは限らない。

たとえば平成以降に入団してから100勝以上挙げた甲子園優勝投手と言えば、松坂大輔（中日・2018年シーズン終了時点で日米通算170勝）と田中将大（ニューヨーク・ヤンキース・2018年シーズン終了時点で日米通算163勝）の2人しかいない。

名球会に限って言えば、未だに平松政次《まさじ》（岡山東商のエースとして、1965年の春の第37回選抜野球大会で優勝）しかいないところを見ると、「甲子園の優勝投手＝プロの世界で大成する」という図式は、もはや成り立ちにくい構図であるとも言える。

私の現役時代、甲子園の優勝投手とまったく縁がないわけではなかった。1965年に福岡県の三池工業の2年生エースだった上田卓三という選手が、66年のドラフト1位で入団してきた。カーブやスライダー、シュートを駆使して、どちらかというと軟投派の投手だったように記憶している。

だが、力量的に言えば、チームのエースを張れるまでのものはなかった。それゆえに27歳のときに阪神にトレードされ、30歳のときに再び南海に戻ったものの、その年限りで引退している。彼を間近で見ていて、

「なんだ、甲子園の優勝投手って、必ずしもプロで大活躍できるものじゃないんだな」

と感じたことを、今でも記憶している。

そしてこのとき感じたことはもう1つある。それは、「甲子園の優勝投手はプライドが高いため、それが邪魔してプロの世界では成功しづらい」ということだ。

甲子園に出ている、出ていないにかかわらず、投手という生き物はプライドが高い。自意識過剰で己の力を実力以上に過信しているタイプが多いなかで、「甲子園優勝投手」という箔がついている。これで「謙虚になれ」などと言っても、彼らの耳に届くはずもない。

そのことは上田に限らず、他の球団に入った甲子園の優勝投手と言われる選手たちの言動や振る舞いなども耳にして、同様の話を聞いていた。

だからこそ、後になってから「あの投手は、甲子園で優勝していますけど、プロで大成

します か?」と聞かれたときには、「分からない」と言っておくことにしている。高校の世界でトップになったことと、プロの世界で大成することとは、まったく意味合いが違うからだ。

並のレベルの選手が多くいるなかで、1人だけ実力がズバ抜けていたために勝てたことが考えられる高校時代と、野球のエリート揃いのプロの集団のなかでは、トップに行けば行くほど、その実力が埋もれてしまうようなことは大いにあり得る。

もう1つ、高校とプロの大きな違いを挙げるならば、高校は「トーナメントの一発勝負」であるのに対し、プロは「何度も同じ選手と対戦することになるリーグ戦方式」である。実はこの違いも大きい。

トーナメント戦の場合、当たり前だが試合に負ければ終わりだ。たとえその投手になんらかのクセがあろうとも、ボールそのものにキレや球威があれば、高校レベルだったら、結果的に抑えることができる。

だが、プロの場合はそうはいかない。なんらかのクセがあることが分かったら、たとえボールにキレや球威があろうとも、いとも簡単に打たれてしまう。クセがあると分かった時点で修正したり、あるいはクセを逆手に取ったテクニックを身につけるなど、あれこれ考えながらピッチングしなければならない。また、それができる投手が、プロの世界で通用していくものだ。

けれども悲しいかな、プライドの高い投手のままだと、「こんなはずはない」「もっとキレや球威をつければ、通用するはずだ」などと、間違った方向の努力をする者も、決して少なくない。それもこれも、「甲子園の優勝投手」という肩書が、余計なプライドを作り、泥まみれになって努力する考えを奪ってしまうとしか思えない。

今の指導者たちに言いたいのは、「プロの世界で成功したいと思うなら、過去に得た栄光はすべて忘れなさい」と選手、とりわけ投手には教えてほしいということだ。あくまでも評価はその時点に過ぎない。技量は半人前なのに、プライドだけは一人前。こういう投手は必ず伸び悩む。そのことを肝に銘じて指導にあたってもらいたい。

指導者も才能や肩書だけで、評価を下してはならない

「甲子園の優勝投手はプライドが高いため、それが邪魔してプロの世界では成功しづらい」と前の項で書いたが、私がこれまで見てきたなかで、1人だけそれを覆した選手がいる。50代以上の高校野球ファンなら知っているかもしれないが、山口重幸という選手だ。彼は84年の選抜甲子園大会で優勝した。しかも桑田真澄、清原和博のいたPL学園に決勝戦で1対0という最少得点で勝利している。

その山口がその年のドラフト6位で阪神に野手として入団した。当時、掛布雅之、ランディ・バース、岡田彰布《あきのぶ》ら強力打線が中心となってチームをけん引していた。そして彼が入団1年目のときに阪神はリーグ優勝、日本一となるものの、この年をピークに成績は年々下降していった。

その後、山口はどうにかプロの世界で日の目を見ることはできたが、レギュラーとして

定着することはなく、またひざをケガしたこともあって、94年に阪神を戦力外通告されてしまった。

そして入団テストにやってきたのが、当時、私が率いていたヤクルトである。

甲子園で優勝した投手であったことは、当時のヤクルト関係者から聞いていた。「どうせプライドが高いんだろう」と思って話してみると、プライドの高さというものはまったくない。それどころか、謙虚に野球に取り組んでいそうな雰囲気が、私には伝わってきたので、テストを「合格」にした。

予感は当たった。翌95年の春季キャンプでは、ウォーミングアップが終わると、一目散にグローブをはめてサードの守備についた。そして来る日も来る日も守備練習だけで、一度も打撃練習に参加しようとしない。

それまで「甲子園の優勝投手はプライドが高い」と考えていた私からしたら、山口のこの姿勢は新鮮な驚きだった。キャンプ中、私と会話することは一度もなかったが、「自分のセールスポイントは守備です」とアピールしているかのように、ユニフォームを泥だらけにしていた。

試しにオープン戦で起用すると、彼は一度もエラーすることなく、それ以上に安定感があったので、「試合終盤での守備固めに起用しよう」と私は決めた。

この年から加入したヘンスリー・ミューレンは、サードの守備に難があった。それゆえに試合の行方を左右する終盤になると、危なっかしくて使い続けていられない。そこで勝ちゲームの終盤ではミューレンに代えて、決まって山口を起用した。その結果、彼が一軍で出場したのは77試合。阪神の4年目（1988年）のときに35試合出たのが最高だったというから、その倍以上の数字となった。

私は山口を決してひいき目で見ていたわけではない。彼を「一芸に秀でたスペシャリスト」として、試合の終盤で使いたいと、彼の姿勢から突き動かされたのだ。「練習はウソをつかない」という言葉があるが、彼の練習量と比例して、守備の安定感は抜群だった。なにせエラーらしいエラーをしたことが一度もない。シーズン中も見えないところで相当努力していたのだろう。

そしてこの年のヤクルトは、見事にリーグ優勝、そして日本一となることができたが、控えでありながら彼の目立たない活躍によることも大きかったと、今でもそう思っている。

翌年も62試合に出場したものの、若い宮本慎也がショートで一本立ちしたことや、池山隆寛がサードにコンバートされたこともあって、山口は自由契約となった。チームの編成上、去就が左右されてしまう立場であったのは致し方ないかもしれないが、私はどうにかチームの裏方として残ってもらえないかどうか、球団に打診してみた。

一生懸命、真面目に取り組む姿勢があるというのは、立派な長所である。たとえ現役を退いても、真面目に取り組んで成果を出したことがあれば、謙虚な姿勢で仕事に向き合える。そう考えたからだ。

幸いなことに、山口は打撃投手としてヤクルトに残ることができた。しかも今もスコアラーとしてヤクルトに在籍している。以前、あるヤクルト関係者から、「彼の仕事ぶりは、実直で信頼が持てるんですよ」と現場からも評価が高いと聞いたことがある。それもこれも、現役時代に苦労を重ねてきたことが、良い方向に生かされているからに他ならない。

最終的にその人への評価は肩書ではなく、それまでの時間をどう向き合い、真摯に取り組んできたかで下される――そのことを山口は身をもって示してくれたように思っている。

不振の選手に「指導者がかけてあげるべき言葉」

「人を見て法を説け」――私が選手を指導する際、心がけていることの1つである。

選手の考え方は十人十色。全員が同じ言葉、同じ指導で良しとなるはずがない。その選手の持っている性格や気質などでかけるべき言葉を使い分けてやる気を促すのも、指導者の果たすべき務めなのである。

たとえば、世の阪神ファンが心配していることの1つに、「藤浪晋太郎は復活できるのか」が挙げられる。

藤浪は大阪桐蔭高校のエースとして、2012年の甲子園大会の春夏連覇を果たした。当然、この年のドラフトの目玉選手の1人に挙げられていたが、縁あって阪神への入団が決まった。

「これで10年から15年はピッチャーに困らない」――そう安堵した阪神ファンも多かった

に違いない。

藤浪は周囲の期待どおり、入団1年目から即戦力の働きを見せた。13年は10勝を挙げ、その翌年以降も11、14勝と、3年連続で2ケタ勝利をマーク。周囲の期待どおり、順調に大投手への階段を登っている……かのように見えたが、16年に7勝で終わると、17年はわずか3勝、18年も伸び悩んで5勝に終わり、復調の兆しがない。


藤浪が伸び悩んでいる技術的な原因を挙げるならば、「ピッチングフォームをいじりすぎてしまった」点にある。入団1年目から踏み出した足のつま先が内側に入ってしまう、いわゆる「インステップ」であることを指摘されていた。

ピッチャーがバッターに向かって投げるとき、踏み出した足のつま先がホームベースより内側に入ってしまうと、腕の振りが一定しなくなり、コントロールを乱しがちになる。その点を不安視して、阪神のピッチングコーチは藤浪本人に指摘し、矯正するように促していたこともあるはずだ。

しかし、藤浪は袋小路に入り込み、自分を見失ってしまった。

それどころか、彼の長所であった「空振りをとれる、威力のあるストレート」すら放れなくなってしまった。この点が実に痛い。

藤浪自身、努力を怠ったわけではない。もがき苦しみながら、何とか現状を打破したいと対策を練り、日々の練習に励んでいるはずだ。

しかし、それが結果となってなかなか表れてこない。序盤の3回までは好投するも、中盤の4回、5回を迎えたあたりから突如としてコントロールを乱し、手痛いタイムリーヒットを打たれて降板する……この繰り返しだ。

「技術の改善」は本人がどう修正していくかが大事だ。けれども私の耳に入ってくる情報として、藤浪自身が技術以前に改善しなくてはならない点が、別にある。

それは「お手本となるピッチャーの教えにもっと耳を傾けなさい」ということだ。聞けば藤浪は、信頼している一部の人の意見しか採り入れようとしないそうだ。ここで言う「一部の人」というのは身近にいるコーチではなく、他チームに所属する先輩ピッチャーのことを指している。

一体何を考えているのだろう。阪神にはランディ・メッセンジャーという、日本人選手以上に日本の野球のことを理解した、素晴らしいお手本がいるではないか。

なぜメッセンジャーがこれだけ勝てるのか。勝てるピッチャーになるには、普段からどんな練習に取り組めばいいのか。その練習によって何が得られるようになるのか――など、メッセンジャー本人に逐一聞けばいい。そこから得られるものは、ひょっとしたら阪神のコーチよりたくさんあるかもしれない。

だが、藤浪はメッセンジャーに質問することは、これまであまりなかったと聞く。非常にもったいない。

なぜ藤浪は頑なまでにこういう態度をとってしまったのか。ピッチングコーチのアドバイスが合わないということを差し引いても、入団1年目にしかるべき「人間教育」を施していなかったことに尽きる。

「自分1人でうまくなった」「自分の力で勝ってきた」、そう誤った考えを起こさないようにするためにも、謙虚さや素直さを持つことの大切さを説き、正しい方向に歩んでもらう。そうしたことを、プロの世界に入った間もない段階で教えるべきだった。

ただし、阪神はこうした教えを受け入れない土壌であることは、先に述べたとおりだ。他の誰よりも私が一番よく分かっているつもりだ。

もし私が藤浪を指導するならどうするか？

まずは彼の持っている潜在能力を認めるだろう。つまり、「褒める」のだ。

だが、次は「ただし、今のお前さんじゃいつまで経っても良くならないぞ」と苦言を呈する。

もちろんここで終わらない。それでは藤浪というピッチャーは「キャッチャーの立場から見て、どういうボールを投げるからすごいと感じるのか」、あるいは「バッターの立場から見て、どういうボールを投げられるのが嫌なのか」を説明していく。

今の藤浪は、「ピッチャーの目線」でしか物事を考えられていない。つまり、「どういうフォームに改善すればいいのか」ばかりに終始し、考え方の幅が狭くなってしまっているのは間違いない。

そこでキャッチャー、あるいはバッター目線から「藤浪というピッチャーの持っていた長所」を伝えてあげる。そうすることで､何らかの「気づき」を与えることができるはずだ。

そうしてひとしきり説明した後、「だからこういうボールを投げられるようにしてみなさい」と締める。

藤浪のこれまでの言動から見て、彼は感性のみでただ投げるようなタイプではなく、理論を必要として、そのうえで投げようとするタイプだと見た。だから「気合だ」「根性で乗り切れ」などという言葉は彼にとってはまったく響かない。

具体的な方法を理論的に、かつ多角的に伝えてあげることが、解決の糸口になるかもしれない——少なくとも私ならばそう考える。

このように普段の言動や振る舞いなどから人間性を把握し、「この選手にはどういったアドバイスが効果的なのか」を考え、見つけ、そして言葉で伝える。

つまり、「**人を見て法を説け**」**とは、相手の人間性や気質を考え、適切な言葉をかけてあげること**——これこそが、指導者が持ち合わせていなければならない、スキルの1つである。

第2章　アマチュア指導者に伝えるべき技術

2

プロの私がやるべきことは「本物の野球を教えること」

私が選手を指導するうえでもっとも心がけていたことがある。それは、「本物の野球を教える」ことだ。

プロの選手として実績を残しただけでなく、監督としても一定以上の成果を残した――。私は「まだまだ物足りない」と思っていても、周囲はそうは見てくれない。

そのことを実感したのは今から17年も前のことである。

2001年に阪神の監督を辞めた翌年、10数年以上にわたって家族ぐるみのお付き合いをさせていただいたシダックスの志太会長と食事をする機会があった。そのさなかで志太会長が突然、

「実は今、私が持っている会社の硬式野球部を辞めたいんです」

と切り出された。

私は驚いて、「そんなに会社の景気が悪いんですか?」と訊ねたら、そうではなくて弱いから面白くないのだという。「そんな弱気にならないで野球部を盛り上げてくださいよ」と激励のつもりで話したら、

「だったら野村さん、あなたがウチのチームの監督をやってください」

と返され、「えっ」と予想だにしない展開に驚き、一瞬言葉を失ってしまった。

けれども、私をシダックスの監督にするという経緯があまりにもユニークだったので、その場で引き受けることを決意した。ただ、志太会長が、「1つだけ、野村さんに注文したいことがあります」と言われた後の言葉が、

「ウチの若い選手たちに本物の野球を教えてください」

だった。この言葉は心の奥底に響いた。

繰り返すが、「本物の野球」とは、「勝つための野球」「基本に忠実な野球」「考えてプレーする野球」だけではない。人を育てる、つまり「人間教育」にも力を注いで、選手たちの人生をよりよい方向に導くことが、私に与えられた使命だと考えたのだ。

社会人野球といえばアマチュアであってプロではない。ただし、当時のシダックスには野間口貴彦（元巨人）や武田勝（元日本ハム）ら有望な選手がいたので、「この監督につ

いていけば、いずれ勝たせてくれる」「この監督の言うとおりにやれば、必ず結果は出る」と思わせることが、何より大切だと感じていた。

就任1年目の2003年の都市対抗野球で、シダックスは初めて決勝戦まで勝ち進んだ。残念ながら三菱ふそう川崎に惜敗してしまったのだが、監督就任1年目でここまで進めたのは、選手たちが私に全幅の信頼をしてくれたからであろう。プロ野球で実績があって、50年以上の野球経験もある。ミーティングなどでいろいろ話しているうちに、「この人についていけば間違いない」と思ってくれた賜物だと思っている。

「信は万物の基をなす」という言葉があるが、選手の信頼があってこそ、監督は初めて自分の目指す野球が実践できるのである。

思えばヤクルトでも、阪神でも、楽天でも、私が就任した当初の春季キャンプで選手をミーティング漬けにしたのも、そうした理由からだった。いずれも当時は「セ・リーグのお荷物」などと揶揄され、勝っても負けても淡々としていて、野球のことを深く考えてプレーしていないだろうなと感じることがたびたびあった。

そこで野球に関する知識はもちろんのこと、人生論や哲学など、私の持てるすべてを選手たちに叩き込み、意識改革をはかった。そうして選手たちに、「この人はすごい」と思わせようとしたのだ。この意識改革こそが、信頼獲得のための第一歩であると、私は考えていた。

どんな監督であれ、「こういう野球がしたい」という理想があるはずであり、それを実現するために戦略や戦術にのっとって選手を動かそうとするものだが、監督が考えているどおりに動いてはくれない。だからこそ、**選手たちに意識改革を迫り、監督の考え方を理解、浸透させることが不可欠となる。**

ただし、選手が動いてくれたからといって、いきなり結果が出るとは限らない。場合によっては「なかなか勝てないじゃないか」と、選手が不信を募らせるなんてことだってあるかもしれない。そこで心が折れてはダメなのだ。動揺を見せず、信念がぶれず、毅然とした態度で己の目指すべき理想を繰り返し語り続けなくてはならない。

2018年のシーズンは私のこれまでの信念が揺らぐ結果となった。投手力よりも圧倒的に打撃力が上回った広島と西武がリーグ優勝を果たした。「バッテリーの良し悪しが、そのチームの勝敗の8割を決める」と考えていた私にとって、衝撃な出来事だった。

私のこれまで培ってきた野球は、違った方向に向かうのか――。

そう思いきや、クライマックスシリーズ、そして日本シリーズは、投手力が大幅に両チームを上回ったソフトバンクが日本一に輝いた。なかでも捕手の甲斐拓也は、「甲斐キャノン」と呼ばれる鬼のような強肩で広島の盗塁を6連続で阻止。広島の機動力を徹底的に封印して、シリーズのMVPを獲得した。

「やはり野球はバッテリー、とりわけ捕手の力が勝敗を大きく左右するのだ」

私の信念は揺るぎないものとなったのは言うまでもない。

この章では、「最低限、これだけは知っておいてほしい」という技術について伝えていきたい。

「基礎」「基本」「応用」の段階で技術を身につけていくこと

技術を身につけさせる上で、指導者が忘れてはならないことがある。それは「常に段階を踏んで教えていく」ことだ。**私は、選手を指導する際、「基礎」「基本」「応用」の3つの段階に分けて考えていた。**

ここでいう「基礎」とは、仕事をするための土台となる部分であり、「基本」は、仕事における判断や行動の指針、そして最後の「応用」が、それらをもとに実地に移すことである。

私の実体験でいえば、18歳でプロに入り、22歳までの4年間で「基礎」を作り、それから2〜3年は「基本」を身につけ、25歳から30歳くらいにかけて「応用」という段階になる。私は30歳のときに三冠王を獲った。野球人生のなかで一番脂が乗っていて、充実した時期だったが、このときは「応用」まで技術を昇華させることができたのだ。

プロ野球は結果主義の世界である。結果さえ出せばそれでいいと考えている先輩たちを、私は数多く見てきた。たしかに一軍で結果を出さなければ、球団から「はい、お疲れさん」と言われてクビになってしまうのだから、それはそれで決して間違った考え方ではない。

だが、**「基礎」「基本」「応用」を身につけていないと、「なぜ失敗したのか」「なぜうまくいったのか」、その理由が見えてこない。**ここで言う「理由」とは、言い換えれば「根拠」である。根拠がなく、たまたまうまくいっただけの結果オーライを繰り返しているようでは、結果が出せなくなったときに、その打開策が見出せなくなる。

悲しいかな、私が監督を経験したヤクルト、阪神、楽天ではいずれも「基礎」「基本」をおろそかにし、「応用」から身につけたがる選手が多かった。弱い組織ほど「大事な根幹の部分を身につけようとしない」という共通項を見つけた。このことは私自身、大いに勉強したが、「このままでは永遠に強い組織になることなどできない」と痛感した。

「基礎」も「基本」も単調なことの繰り返しで、苦痛に感じることだって多々あるだろう。それでも私は、「基礎」を身につけたら「基本」に進み、「基本」を身につけたら「応用」の段階へ進んでいくことが、物事を上達する近道である。これは私の信念の1つであるが、**段階を踏まないと人間は成長していかない、ということを指導者は心得ておくべきだ。**

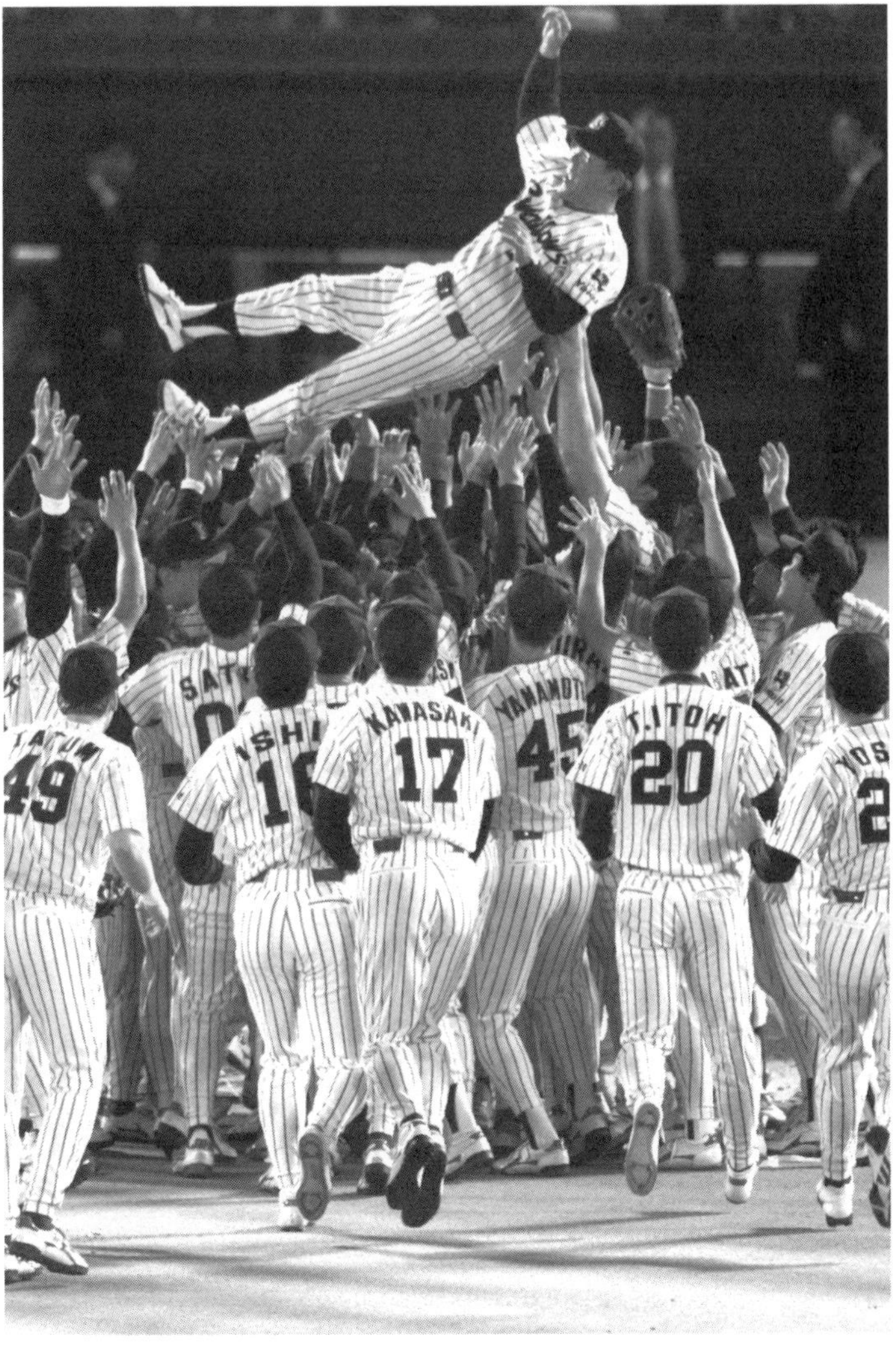
SATO
ISHI
KAWASAKI
17
YAMAMOTO
45
T.ITOH
20
49

どんなに有望な選手でも「基礎」から入ることでハイレベルな選手になる

選手を着実に成長させていくには、「正しいプロセスを踏ませる」ことが肝心だ。前の項でも取り上げたが、どんなに有望な選手であっても、「基礎」をすっ飛ばして「応用」に行くことはあり得ない。

そのことを分かりやすくするために、具体例を出してお話ししよう。

私は監督時代、コーチに対して新人選手を指導する際には、

「高校を出たばかりの入団1年目の選手については、黙って見守ってあげなさい。本当に指導するのならば、2年目に入ってからにしてほしい」

と注文をつけた。

大学や社会人の即戦力選手であれば、体力・技術ともに完成されている領域にあった者が多かったから、これには当てはまらないことが多かった。だが、高校を出たばかりの選

手は、言ってみればまだ発育途中の少年でもある。それゆえに、技術はもちろんのこと、体力的にも未熟な部分が多い。

高校生にとっての真剣勝負の場は、春、夏、秋のトーナメント大会のみ。あとは練習試合を消化する。だが、プロは違う。春から秋まで、半年間に及ぶ真剣勝負のシーズンを乗り越えなければならない。そうした環境にいきなり身を投じたところで、心技体とも追いついていくのは、どだい無理な注文である。

そこで高校生の場合は、プロで動ける力をつける準備をやっておくことが大切なのだ。

南海時代で言えば、藤田学という右腕がいた。彼は愛媛の高校からドラフト1位で入団し、投球フォームに加えてボールのキレ、スピードなどが申し分なく、将来有望な片りんを見せていた。ただ、いかんせんプロの世界で1年間、投げ切るだけの体力がない。

そこで1年目の春季キャンプでは、ピッチングをやらせなかった。せいぜい軽いキャッチボールだけにとどめ、走り込みなどの体力強化に重点を置き、キャンプの後半になってから少しだけ遠投をやらせた。

そしてシーズンに入ってからは二軍で登板させたものの、投手コーチには私からこう注文をつけていた。

「どんなに打たれても、ストレート主体のピッチングをさせてほしい。ストレートの使い方と、細かいコントロールを覚えさせてください」

藤田は目を見張るようなストレートを投げていたわけではなかった。むしろ変化球のほうが打者を打ち取れる確率が高かった。だが、どんなに二軍で変化球を駆使して抑えても、一軍で打たれては意味がない。

そこで大切なのが、ストレートの精度の高さなのである。どのコースや高さに投げれば打ち取れるのか。ワインドアップやセットポジション、クイックと、ありとあらゆる場面でストレートを投げさせて、「なぜ、打たれたのか。あるいは打ち取れたのか」を分析させる。つまり、打たれにくいストレートを投げられるようになることで、将来の道が開かれると踏んでいた。

その結果、2年目は二軍のエースに成長し、抑えようが打たれようが、本人とコーチが話し合って試行錯誤を繰り返した。すると3年目には一軍で頭角を現し、11勝3敗、防御率1・98と見事な成績をおさめて、文句なしにパ・リーグの新人王に輝いたのだ。まさに藤田は正しい段階を経て成長した典型と言えよう。

これは何も高校からプロに入った選手の話に限らない。アマチュアの世界、とりわけ小中学生にだって同様のことが言える。

たとえば投手の場合、入った当初は体力的に長いイニングが投げられるのか。あるいは投球フォームをテクニカル的に見て、欠点らしい欠点はないか。この場合の欠点というのは、「ケガにつながりそうな投げ方をしていないか」を指す。その点を見極める。そして体力的に課題があるならば、ある程度の時間をかけて投手として投げられる体づくりを行う。

それができてから、ストレート主体のピッチングで、「打者のどこに投げたら打たれるのか、あるいは抑えられるのか」を、身をもって経験させることが大切なのだ。

選手が成長していくには、「正しいプロセスを踏ませてあげること」。これが指導者に求められる役割の1つであることは言うまでもない。

投手が身につけるべきスキルは「スピード」よりも「コントロール」

私はプロ野球選手、監督として43年間、ユニフォームを着た。マスク越し、あるいはベンチから投手という生き物について多角的に分析し続けた。

私にしてみれば、投手ほどやっかいで理解に苦しむ人種はいないと思っている。「オレが投げないと始まらない」と主導権は常に自分にあると考え、「打てるものなら打ってみろ」と強い気持ちを持ち続けている。一方で、打者に打たれてマイナス思考に陥ってしまったときにはどうするか。そのときこそ私は、「捕手の役割」が重要であると考えている。

「打たれたときにはオレが責任をとる。だからミットめがけて思い切って投げてこい」

そう言ってやればいい。また、そうした状況を良しとするのも、指導者の果たすべき役割とも言える。

どのチームであれ、投手はわがままな生き物だ。だが、その投手を育てるにも、「正しいプロセス」を歩ませなければ好投手は育たない。

かつて私はことあるごとに、投手にこんな質問をぶつけてみた。

「150キロのど真ん中のストレートと、130キロのアウトローのストレート。どちらが打たれないと思う？」

こう聞くと、ほぼ全員が「150キロのど真ん中のストレート」と答える。だが、正解は「130キロのアウトローのストレート」なのだ。球速ではなく、コース。つまり、私が日頃から口にしている「アウトロー＝原点」「そこに投げる能力＝原点能力」をいかに磨くかである。

外角の低めは打者にとってもっとも遠いコースだ。それゆえにバットの芯ではとらえにくく、長打も出にくい。不利なカウントになったり、何を投げたらいいのか迷ったときには「原点」、つまりアウトローに投げる。

現在、ニューヨーク・ヤンキースで活躍している田中将大も、入団2年目の2008年に、「原点」をおろそかにして失敗させてしまった。

前年の07年。田中は新人で11勝をマークし、新人王も獲得した。翌年はさらなる飛躍が期待され、私を交えて08年シーズンの目標を話し合った。

「ストレートで空振り三振がとれる投手になりたいんです」

田中の目を見た私も、それを後押しした。

「いいじゃないか。やってみなさい」

だが、その気持ちが力みにつながり、投球フォームを崩した。結果、勝ち星は9つにとどまってしまった。

原因はハッキリしていた。力みから来るコントロールの欠如。肝心のストレートをしっかりコースに投げ分けることができず、甘いコースに投げたボールを相手打者からことごとく痛打された。

3年目。もう一度、アウトローへのコントロールを磨かせた。すると力みが消え、バランスが良くなってフォームが安定。ストレートの威力も増して、2ケタ勝利を挙げることができた。その後の活躍ぶりは、今さら説明するまでもない。

このとき私は痛感した。「投手の生命線はコントロールである」――。

極論ととらえられても結構だが、私は**「コントロールのない者は投手と呼ばない」**とまで考えている。スピードボールは天から与えられた才能だ。けれども、コントロールはどんなに遅いボールしか投げられなくても、正しい練習を繰り返せば身につけることができる。それには根気が重要なのだ。

そのうえコントロールがあれば、野手だって守りやすい。守備のテンポから攻撃のリズムが生まれる。投手の信頼度を計るバロメーターは「コントロール」であると言っても過言ではない。

考えてプレーすることの大切さ

捕手の強みとは何かと聞かれれば、私は即座に「どのポジションよりも考えながらプレーしていること」と答えるだろう。そしてその長所は、監督になってからも生かされる。これは何も私だけの話だけではない。

ここに興味深いデータがある。巨人がV9を達成した翌年の1974年から昨年までの45年間、日本シリーズの勝利監督を出身ポジション別に整理し、日本一の回数が多い順に並べると、「捕手」が13回で圧倒的に多いことが分かった。次いで二遊間の10回、投手の9回、三塁手と外野手の5回、一塁手の3回となる。

これがアメリカのメジャーリーグになるとさらに顕著で、1994年に選手会のストライキがあってワールドシリーズが中止となった95年以降、捕手出身監督が14回もワールドシリーズを制覇している。しかも2014年のサンフランシスコ・ジャイアンツのブルース・ボウチー監督、15年のカンザスシティ・ロイヤルズのネッド・ヨスト監督、16年のシカゴ・カブスのジョー・マドン監督、17年のヒューストン・アストロズのA・J・ヒンチ監督と、4年続けて捕手出身者がワールドシリーズを制覇した。

ここまで捕手出身監督が好成績を挙げられるのは、どういう理由が考えられるか。私は**「捕手は監督の分身であるから」**と見ている。

守備についたとき、フィールドに正対しているのは捕手だけだ。打者やスコア、カウントなどさまざまな状況ごとに、いかなる守備隊形をとるのか、どのように打者を打ち取ろうとしているのか、塁上に走者がたまったときには1点をやってもアウトカウントを稼ごうとするのか、それとも1点もやらないシフトを敷くのか、あらゆる仕事が捕手に委ねられる。

まっとうな捕手であれば、「自分が守っている間は監督だ」という意識、使命感や責任感を持ってマスクをかぶっている。捕手出身者が監督として実績を残している第一の理由はまさにそこにある。

プロ野球の世界で優勝するチームは、年間80勝すればその栄光が近づく。しかし、同時に50～60の負けを積み重ねることになる。投手が打たれて負ければ現場監督である捕手の責任となり、過信やうぬぼれを戒め、謙虚さや素直さを教えてくれる。もちろん現実にうまくいかなかったわけだから、過信しようがないし、うぬぼれようがない。「自分はまだまだだ」と自戒する心を持つことが重要なのだ。

中国の『書経』にこんな言葉がある。

「満は損を招き、謙は益を受く」

満足すれば妥協を呼び、妥協を呼べば進歩も止まるが、謙虚な気持ちを忘れなければ大きな疑問が生まれ、さらに高みを目指して努力するようになる。つまり、失敗や負けによって、謙虚さはもとより、さらなる意欲を引き出すことになる。そうして次こそは失敗しないように、物事に対して慎重かつ繊細な姿勢で取り組めるようになる。

捕手は他の野手に比べてさまざまな責任を背負い込んでいる。それが常勝といわれる強豪チームであればあるほど、内外の批判を一身に受け止め、それを乗り越えるための思考力を身につけておかなければならない。それが他のポジション出身の監督よりも、自軍を優勝に導いている大きな要因となるのだ。

打者を4つに分類して料理する

私は捕手だったがゆえに、打者を分析することが最大の仕事だった。野村野球の根幹は、「相手を分析する」ことにある。

打者はみな、変化球の対応をどうするかという共通のテーマを持っている。そのことを知ったとき、私は打者を「A型」「B型」「C型」「D型」と4つのタイプに分けた。

これは過去の私の著書で何度も触れてきてはいるが、大事な要点なので、もう一度整理して記しておきたい。

「A型」は理想型で、ストレートに合わせて変化球にも対応できる。反射神経や動体視力に優れた、いわば天才がこれに当てはまる。

次の**「B型」は、内角か外角か、コースに分けて対応していく。**これは強打者が一時的に対応している。前の打席で内角のボールをホームランを打っていたら、「この場面は内角には投げてこないな」と、いい意味でうぬぼれている。
「C型」は右へ打つか左へ打つか、流すかあるいは引っ張るか方向を決めて対応する。たとえば「内角には投げてこないだろうな」と思ったら、センターから右方向に打ち返す、あるいは「二塁に走者がいるから、ここは一、二塁間方向にボールを打とう」といった具合だ。

最後の**「D型」は、配球を読んで打つ。**ともすればヤマを張って打つとも言い換えられるが、決して当てずっぽうのヤマ勘などではない。「前の打席は内角で打ち取られたから、この次は外角にくる！」と根拠があれば、それは立派な読みになる。

私は間違いなくD型の部類の選手だった。「ここはストレートがくる」と張っていて、カーブがきたらクルッとバットが空を切る。そんなことが一度や二度ではなかった。

そこで私は考えた。「苦手なカーブを打つにはどうすればいいか」、最高の結果を出すには相手を分析することも大切だが、自分はどういう打者なのかを、知っておくことも大切だ。

そうして分類したときに、私はD型であると悟ったわけだが、この4つは状況やアウトカウント、ボールカウント、投手のタイプによって使い分ければいいことも分かってきた。

たとえば**A型のタイプだって、「ここは絶対にストレートしかこない」と思えれば、その**

ときはD型に変わればいいし、D型からB型に変わったっていい。それもこれも、立派な根拠があってこそだ。

ただし、日本人と外国人の打者とでは大きな違いがある。日本人の場合、追い込まれるまでは自分の好きなコース、つまり打てる球種を待つが、追い込まれると多くの場合はA型に変わる。ストレートと変化球の割合で言えば、「8：2」くらいの確率でストレートに重点を置く。

こうした待ち方になる最大の理由は、「ヤマを張って、予想もしないボールがきたときに、見逃し三振はしたくない」というネガティブな気持ちが働くからだと想像する。

だが、外国人は違う。追い込まれた途端に「このボールがくる！」とヤマを張る。それだけに見逃し三振が多くなる。これはもう、日本と外国とでの指導者の教え方による違いとしか言いようがない。

さらに頭に入れておきたいのが、**打者には苦手なゾーンが4つ存在することだ。**

1つは「**アウトローのストレート**」、前の項で述べた「原点」となるボールである。ここに投げておけば、ヒットは打たれることがあっても、長打を食らうことはない。だが、ほとんどの打者は追い込まれるとインコースとアウトコースへの変化球をケアする傾向にある。そうなるとアウトローが死角となり、見逃すことが多くなる。

続いて「**低めへの変化球**」である。これは引っかけて内野ゴロに打ち取る確率が高くなる。カウントで言えば、「1－0」「1－1」という打者が打ち気のカウントで、真ん中から外角へ落ちる球を投げると、どんな強打者でも引っかかる。

そして「特殊球」とは、「**フォークボールやチェンジアップといった、打者が意識していなければ対応しづらい球**」である。「ストレートだ！」と思ってバットを出した途端、ストンと大きく落ちる。「しまった！」と思ったときにはバットは空を切っているというわけだ。

最後が「**インコースへのストレートと鋭く小さく曲がる変化球**」である。これも意識していないとヒットを打つことが難しいので、打ち取る率が高くなる。

このように打者のタイプを理解しておきつつ、1球1球カウントが変わるごとに対応を考えていく。捕手とはとにかく「打者との知恵比べ」に勝たなければならないポジションなのである。

捕手に必要な「5つの能力」とは

捕手に必要な能力を問われれば、私は「5つの能力」を身につけることが重要だと考えている。

まず「**分析力**」。これは、相手打者をある基準のもとに「どういったタイプであるか」を分析することである。

2つ目が「**観察力**」。これは打者がボールを見逃した際のステップの仕方。タイミングが合っているかどうか。打席のなかで見せるしぐさ。トップの形を見極めること。打者の反応を見て、次の球種は何にするかを選び出す。

そして観察力に必要なのは、「右目で投球を見て、左目で打者を見る」こと。私は捕手を指導するときには必ずこれを要求していた。

3つ目は「**洞察力**」。これは打者が打席でどんな考えをしているのかを見抜くこと。このほかにも、相手チームのサインの解読に努めたり、相手ベンチの選手の表情やムードから作戦を読むことなどが挙げられる。

無論、他人の心の内を読み取ることなど不可能だし、間違えることもあるが、洞察を重ねていけばやがて間違いは減ってくる。

4つ目が「**記憶力**」。ただし、1試合すべての配球を記憶するのは難しいから、各打者に対して、「初球はどんな球種から入ったか」、この点だけは必ず記憶しておくこと。次に各打席の最後に投げたボール（結果球）について、凡打、痛打にかかわらず記憶しておくことが肝心だ。

なぜならどんな打者でも、初球と結果球は頭のなかにあり、次の打席に入るときには、かなりの高い確率で前の打席の初球、あるいは結果球から狙いを絞っていくからだ。

最後が「**判断力**」。言葉どおり、試合の状況を把握したうえで、打者の攻略方法を組み立てていくことである。ここで言う「試合の状況」とは、得点差、イニング、走者の有無、アウトカウント、ボールカウント、勝ち越し機や同点機か、投手の能力や疲労度などが挙げられる。

ピンチや強打者を迎えたとき、簡単に打たれてはいけないカウントは、「0－0」「0－

1」「0－2」「1－1」「1－2」が挙げられる。これらは相手が何か策を練ってくるときのカウントだ。そのことを念頭に置いてじっくり攻めていく必要がある。

捕手はとにかくチーム一の勉強家であることが求められる。**投手が打たれたことに対して、「オレが悪い」と全責任を背負えること。**そのために1つ1つの技術を身につけていく必要があるポジションだということを覚えておくとよい。

探求心を養うことで、野球はさらにうまくなる

捕手は「分析力、観察力、洞察力、記憶力、判断力の5つの能力が優れていること」に加え、「探求心が旺盛であること」も重要だと考えている。

たとえばビジネスの現場で使われる「5W1H」という言葉。これは野球にも応用できるのをご存じだろうか？

私が初めて「5W1H」という言葉を知ったのは、今から50年以上も前の話である。レギュラー捕手として一軍に定着し、取材を受ける機会も多くなった際、ある新聞記者からこんな話を聞いた。

「新聞の原稿を書くのは野球と同じで、きちんとセオリーがあるんです。それが『5W1H』だというわけです。原稿が長かろうが、短かろうが、このうち1つでも欠けてしまうと、不完全なものになってしまうのです」

5W1Hというのは、WHO（誰が）、WHAT（何を）、WHEN（いつ）、WHERE（どこで）、WHY（なぜ）、HOW（どのように）の6つの頭文字だ。

考えてみれば、捕手として、あるいは打者としても、私が克明にメモした内容は、すべて「5W1H」の原則に従っていることに気がついた。

たとえば西鉄ライオンズの稲尾和久投手を攻略したとする。そこに書かれている内容は、

WHO＝投手は誰だったのか。
WHAT＝球種は何を打ったのか。
WHEN＝いつ（どんな場面で）打ったのか。
WHERE＝どこの球場で打ったのか。
WHY＝なぜ打てたのか。
HOW＝どのように打ったのか。

これが順序だって書かれているわけだ。なかでも「WHEN」と「WHERE」は軽視しがちだが、あなどってはいけない。球場の広さや風の向き、強さなどによって結果が違ってくる場合もあるからだ。

さらに、「野球にはもう1つ加えてもいいのでは?」と、ある記者から教えられたこと

がある。それが「WHY　NOT」なのだ。つまり、**三振や凡打に終わったとき、「なぜ打てなかったのか」も克明に記録しておくべきなのである。**

「なぜ打てなかったのか」は、いろいろなところに波及していく。自分自身の体調や精神状態、疲労度、投手のコンディション、球のキレ、速さなど、ありとあらゆることが問題提起される。つまり、「どうなっていたのか?」を考え抜くことが大切なのだ。

このことは、捕手で守備についたときも同様である。

WHO=誰を打ち取ったのか。

WHAT=投手に何の球種を投げさせたのか。

WHEN=いつ（どんな場面で）打ち取ったのか。

WHERE=どこの球場で打ち取ったのか。

WHY=なぜ打ち取れたのか。

HOW=どのように打ち取ったのか。

つまり、**「WHY」の反対の「WHY　NOT」であれば、「なぜ打たれたのか」ということになる。**投手が打ち取った理由も大事なことではあるが、打たれた理由を考えることはさらに大切だ。

今後の対策を考えるうえで、「WHY　NOT」を用いることは必須と言えるだろう。試合中に「5W1H」で考え、メモをとることは大切だ。今で言えば、広島からFAで巨人に移籍した丸佳浩が試合中にメモをとることで知られている。彼がどんなことを書いているかはわからないが、メモを取って、どうやって次の打席に、あるいは守備の際に生かすかが、凡人と一流の選手の分かれ目になることは間違いない。

相手の力量を知らなければ、「シフト」は敷いてはいけない

守備陣形において、「シフト」を敷くことは、すなわち確率である。これはヤマ勘だけでなせる業ではない。その選手の打球の方向性を調べ、データとして整理すると、「その場所に飛んでくる割合が高くなる」というわけだ。

かつてで言えば、王貞治がそうだった。「王シフト」なるものが登場したとき、ファンの驚きは大きかった。なにせ三遊間とレフトが空っぽで、誰も守っていない。センターからライト方面に野手をすべて守らせてしまうのだ。

そこでファンからこんな声が多く飛んだ。

「もし、選手が守っていないところへ打球が飛んだら、どうするのですか？　普通ならアウトになってしまう打球でも、三遊間やレフト方向に飛んだらヒットになってしまうんですよ」

たしかにそのとおりに違いない。だが、繰り返し言うが、「シフト」とは確率である。1シーズンの間に何本も打球が飛びそうにないところへ野手を置いておくよりも、「打球が集中するゾーンで守らせる」ほうが、よりアウトを取る確率が高まると考えるわけだ。

王シフトを最初に採用したのは、広島カープだった。たしか昭和40年代に入ってすぐだったと記憶している。王はセンターより右側に強い打球の飛ぶことが多かった。つまり、王のホームランはこの方向に集中していたのだ。

もし流し打ちをしてくれたら、ヒットにはなるが、ホームランになる確率は低い。相手からすればそちらのほうがありがたく、「ヒットでしたら、いつでも左方向に打ってくださいよ」と考えるわけだ。

ただ、これは意外と打者には効果的なのだ。「左方向が空いている」のであれば、自ずと「左に流してヒットを打とう」と考えだしてしまう。だが、いつもなら引っ張っている内角のボールですら、左に流そうとしてしまうから、結果、力のない打球となる。これでは、王の特性はまったく生かすことができず、相手の思うツボというわけだ。

これが功を奏したのは、1977年の巨人と阪急の日本シリーズである。阪急の足立光宏は、二死一、三塁というピンチの場面で王を迎えた。ここで捕手は内角にカーブを要求すると、王は引っ張りに行ったのではなく、レフトフライに打ち取られた。もし王が普通に打っていたら、ホームランになったかもしれないボールを、あえて流し打ちをしてしまった。その結果、力のない打球となってしまったというわけだ。

「シフト」というと、奇をてらった戦術ととらえる人がいるかもしれないが、そんなことはない。**その打者の打球傾向を読み解いた結果、「この方向に打球が集まる」と裏付けされたデータなのだ。**

こうなる要因はさまざまなことが考えられる。打者のスイングスピード、インパクトの瞬間にどの角度でとらえているか、内角のボールを引っ張るのを得意としているのか、相手投手との力量など、挙げられるポイントはいくつもある。

そうしたことに王も気づいたのだろう。その後は王シフトをあまり警戒することなく、自分のスイングをすることを心がけた。つまり、「どんなにシフトを敷いても、頭の上を越す打球を打てば、意味がないんだ」という結論にいたったのだ。

シフトを敷かれたときに、王のような腹の括り方もある一方で、「逆方向に打ってやろう」と考えることもあるはずだ。その場合には、相手はどういう配球で攻めてくるかを考えながら打席に立たなければならない。内角に攻められているにもかかわらず、それでも強引に逆方向に打とうとすると、先にお話しした王のような結果に終わってしまうことだってある。

反対のことは「シフトを敷く」側にも同じことが言える。**データを妄信してしまうと、試合を左右するような場面で手痛い一撃を食らうことだって十分にある。**イニング数や得点差、走者の有無、アウトカウント、投手との相性などを頭に入れてシフトを組むとよい。

打撃向上で必要な「バット選び」と「素振り」

技術を伝えるうえで、打撃を教えることは一番難しい。なにせ「7割の失敗は当たり前、3割打てば上出来」だと言われているからだ。

そこで少しでも「打率を上げる」ために、「バット選びのコツ」と「素振りのポイント」について伝えたい。

とりわけ小・中学校、高校生までの場合、金属バットを使うことが多い。その場合にこだわるべきポイントは、グリップの太さと重さである。遠心力を利かせた打ち方をする人は、グリップが細めのほうがいいし、体の回転で打つ人、あるいはミート中心で打つ人は、グリップがやや太めのほうがいい。

ここで注意したいのは、今の金属バットは細いグリップに慣れてしまっている人が多い。だが、**「慣れていること」と「自分に合ったタイプ」は別だ。**時間をかけて自分に合ったバットを見つけてほしい。

そして打撃の向上で欠かせないのが素振りだ。最近はティー打撃などでフォームを固める機会が増え、「数多く振る」よりも「数を打つ」ほうに重点を置いた練習になりがちだ。

たしかにティー打撃は否定しないが、春から秋までの長いシーズンを戦い抜くには、「1年間バテないようにするためのスタミナ作り」が必要だ。それには素振りが有効だと私は考えている。

私自身の経験則によると、効果的な素振りのポイントは次の**5**点だ。

最初が「正しいスイング、自分の理想とするスイングをイメージして振る」ことだ。その場合、**「ひざ→腰→肩→手」という順番での体の動き、すなわち下半身主導のスイングを行う。**

次に**「ラクなスイング、ラクなコースのスイングばかり繰り返してはいけない」**ことだ。

誰でもスイングをすると「振りやすいポイント」というのは必ず存在する。だが、投手は必ずしも打者の「振りやすいポイント」に投げてくれるわけではない。それよりももっと厳しいコースに投げて打ち取ろうと考える人種が投手という生き物なのだ。

そこで**「外角・真ん中・内角」と「高め・低め」を組み合わせ、それぞれに合ったスイ**

ングを行うこと。真ん中と外角はセンター返しをイメージし、内角は体の回転を意識したスイングをする。

このとき内角、外角とボール1つ広げてスイングすること。なぜならアマチュアの場合だと、2ストライクになるとストライクゾーンを広げる審判もいるからだ。

さらに低めは下半身を使ったスイングを身につけるため、ダウンスイング（このとき肩を下げてはいけない）で振るのも効果がある。

さらに「**スイングしたときの音**」に注目してほしい。**私が理想としたのは「ブッ」だった。**「ブーン」「ブンッ」ではない。「ブッ」が強くキレのあるスイングとなる。

そのためには力を入れるところと抜くところ、その配分を覚えて力みすぎないこと。そうすれば俗に言う「ヘッドを走らせたスイング」ができるようになる。どんなに疲れていても、力の入れどころが正しければ、「ブッ」という音は必ず出るものだ。

最後は「**毎日最低1時間は、振り続けること**」。そうすれば200〜300回は素振りできる。これを1ヵ月繰り返せば6000〜9000スイングに達する。振り込むことで「1年間バテないようにするためのスタミナ作り」は必ず行えるはずだ。

もし正しいスイングができているかどうか、気になるようだったら、動画でスイング撮影を行うこと。これは指導者や親、あるいは野球仲間でもいい。もし正しいスイングになっていなければ、正しいスイングをしているプロの選手の模倣をするでもよいし、軌道修正しなければならない。

打撃を良くするには「正しいスイングで振り込むこと」。それによって、「ブッ」という強くキレのあるスイングを身につけることができる。

第3章　選手をダメにする指導者

3

選手たちの感性に響く指導者になれ

プロ野球選手は、野球界のエリートだ。小中学生の頃から注目を集め周囲に評価され、高校生になって甲子園で活躍しようものなら、自分本位な考え方に陥りやすいもの。「オレは天才」と勘違いしてしまうことだってある。

ところが、ドラフトで指名されてプロに入った途端、あまりのレベルの高さに「オレはなんて場違いなところに来てしまったんだ」と愕然とする……私はそういう選手をたくさん見てきた。

それまでとくに努力らしい努力をしなくても、バッターを三振に抑えたり、あるいは容易にヒットを打てた選手であっても、己の力がまったく通用しない。

私に言わせればこんなことは当たり前のことだ。プロ野球は言ってみれば、「野球の天才の集まり」である。どの選手も「天才」と言われ、アマチュア球界で実績を残してきたからこそ、プロの世界に入ることができた。

このとき指導者ができることとは何か。それは「正しいことを説き、正しい方向にその選手を導く」こと以外にない。

「トップの形ができていない」
「バットが下から出ている」
「バットのヘッドが下がっている」
「軸足に体重が乗っていない」
「ステップしたほうの肩が開いている」

勉強していないコーチは、せいぜいこの程度の言葉しか出てこない。だが、選手の側からしたら、「そんなことくらい、わかっていますよ」となる。

つまり、「どうすれば課題が解消できるか、そのアドバイスを求めている」からこそ、コーチの意見に耳を傾けたいわけだ。この場合で言えば、

「オレが選手のときは、こう対応して乗り越えた。だから一度やってみたらどうか」と具体的なアドバイスができるようでなくてはいけない。

自分の選手時代（何もプロ野球だけに限らない。部活動も含む）からしっかり考え、悩み、苦しみ、乗り越える術を身につけておくべきだ。それが、将来自分が指導者になったときに必ず活きる。

これは何も野球に限った話ではない。どんな職業においても、いいものをつくる、いい結果を出すためには、自分が得た経験がベースとなってくる。

この選手はどうやったら成長するのか。そのためには適材適所を見つけてあげ、壁にぶつかりでもしたら、指導者が自身の経験を元にアドバイスを送る。

当然、**自分の経験を披瀝《ひれき》するだけして、「だからお前もやってみろ！」と頭ごなしに怒鳴るだけでは、選手は絶対についてこない。**指導者と選手は生きてきた時代背景があまりにも違いすぎる。それだけに、「オレが若いときは……」などという話は通用しないということを、指導者は心得ておくべきことである。

抽象的なアドバイスは、百害あって一利なし

ワンアウト満塁でチャンスを迎えた場面。バッターボックスに入ろうとする選手を打撃コーチが呼び止め、何やら耳打ちをしている。こんな場面を見たことのある野球ファンは多いはずだ。

大量得点も狙えるような千載一遇の場面、「いったいどんなことを話しているんだろう?」と気になるものである。とくにプロ野球ともなれば、「高度なアドバイスを送っているに違いない」と思えるものだ。

だが、プロだからと言って、必ずしも「効果的なアドバイス」を送っているとは限らない。人によっては、「チャンスを潰してしまうような、マイナスとなってしまう」ことだってある。耳打ちする当人は効果的なアドバイスを送っているつもりでも、受け取り手であるバッターは、コーチの言葉に混乱するばかり……というわけだ。

これはプロ野球の某球団で、実際にあった話である。

冒頭に書いた場面がやってきたとき、バッターボックスに入りかけた選手を呼び止めた。そしてこんなアドバイスを送った。

「あのピッチャーは調子がいいぞ。気を引き締めていくんだ。ストレートは走っているし、カーブの曲がりだって大きい。スライダーもキレている。そうそう、フォークボールだっていい。とにかくバッターボックスに入ったら、注意していけよ」

えっ、プロのコーチがこんなアドバイスをするの？　と驚かれた人は多いはずだ。繰り返すが、これはプロ野球の試合で起こった、本当の話である。

これでは選手が「ストレートを狙っていくぞ」と思っていても、どのボールに絞っていけばいいのか、判断に迷ってしまう。

それに「注意していけよ」と言うのは、何に注意していけばいいのか。多くの球種が素晴らしいと言われているなか、何を狙っていけばいいのか。選手が一番知りたがっている「答え」を、コーチが導き出せていない。これはまさに、並列列挙の悪しき例と言える。

それではどうアドバイスを送ればいいのか？　正解は次の言葉である。

「いいか相手のピッチャーは調子がいいぞ。だが、ファーストストライクのストレートは

甘いコースになりがちだ。だから初球からストレートを狙っていくんだ」
「相手のピッチャーは調子がいいぞ。とくにストレートには伸びがある。だが、変化球は高めに浮いてくる。追い込まれたら変化球ではなく、ストレートをキャッチャーが要求する傾向にある。ここはひとつ、ストレート一本に絞っていくんだ」

このようなアドバイスだと、「ようし、それならストレートを狙っていこう」「ファーストストライクから、早めに勝負を仕掛けていくんだ」などと、腹を括って勝負に挑むことができる。前出のアドバイスと比較しても、この差は大きい。

無論、これだけ的確なアドバイスを送っても、アウトになることだってある。ジャストミートしていい当たりが飛んでも、野手の正面を突いてアウトになることもあれば、バッターが打ち損じてフライを打ち上げてしまうことだってある。

けれども**的確なアドバイスによって、腹が括れる分、「どんな結果になっても思い切っていこう」と勇気や力に変えることができる。**

アドバイスを与えているようで、まったくアドバイスになっていないコーチの話など、誰が聞くものか。こういったチームというのは、例外なく弱いものだ。

この程度のアドバイスしかできないコーチは、まったくもって困るが、それ以上に問題なのは、こうした指示を与えるコーチを選んだリーダー、つまり監督である。もしコーチが言葉足らずだったり、あるいは味方の選手が混乱するようなアドバイスしか与えていないことを知ったら、

「そういうアドバイスではなくて、**選手が一度聞いて理解できるような、分かりやすい言葉にしなさい**」

と伝えてあげることだ。

それでももし、コーチが理解できないようであれば、どんな言葉をかけてあげたらいいのか、監督がお手本を見せること。言葉は相手に勇気を与えることもできれば、不安に陥らせることだってできる「諸刃の剣」であることを、指導者は理解しておくべきだ。

もっとも大切な「言葉をアレンジする力」

今、指導者に求められている能力は、「言葉をアレンジする力」である。実はこの能力を持ち合わせていない指導者が、アマチュア、とりわけ高校生以下の現場では多い。

たとえば技術指導を行う際、やたらと自分の過去の成功体験を前面に出して子どもたちとコミュニケーションをとろうとする監督やコーチがいる。「自分は昔、ああした、こうした」「あのときこんな練習をしていた」と言うだけならまだいい。

「だからお前たちもオレと同じようにやれ」

と言われて、「エッ」と選手たちが引いてしまうケースだ。

若い人たちにとって、昔の自慢話ほど退屈で無益に感じることもない。たとえ参考になる意見があったところで、「今とは時代が違うでしょう」「あなたの頃はそれでも良かったかもしれませんけど」と敬遠されるか、表面的にはハイハイうなずいていても、実際には何も聞いていないかのどちらかしかない。

このことは今の時代だからというわけではない。私の若いときもあった。練習中、ノックなどでなかなか打球がとれないでいると、「もっと根性を出せ！」「死ぬ気でやるんだ」といった根性論を前面に押し出してくる。そのうえ「オレが選手のときには、顔面にボールを当ててでもアウトにしたものだ」「歯の1本や2本、欠けたっていいじゃないか」と無茶苦茶な話を押しつけてくる。

私たち選手が知りたいのは、「どうやったらもっとうまく打球を処理できるようになるのか」であり、それは根性だけでどうにでもなるものではない。つまり、具体的な技術論が皆無だったというわけだ。これでは指導者が選手に対して指導力を発揮できているとは、到底言い難い。

ただし、どんな指導者も自分の経験がベースになってくることだけは間違いない。そのなかには時代が変わっても十分に通用するような、今の若い人たちにとってもプラスになることがたくさんあるのも事実である。

そこで重要になってくるのが「言葉をアレンジする力」だ。**自分の体験をそのまま語り出すのではなく、そのエッセンスだけを抽出し、今の時代に通用するような言葉に換えて**

いく。

たとえば昔からよく使われる言葉として、「肩の力を抜け」というものがある。高校に限らず中学、小学校の少年野球などでも、ピンチを招いた場面やチャンスを迎えた場面で、当事者の選手に指導者がよく口にする言葉だ。

ところが、実際に肩の力を抜こうとしても、意外とその抜き方がわからない。深呼吸したり、あるいは肩を上下に揺すったところで、ますます力が入ってしまう。

そこで私は考えた。

「肩、つまり上半身の力を抜いてしまったらバットなど振れるわけがない。要は体の力を抜いてリラックスするんだ。それにはどうしたらいいのか？」

そこで下半身の、ひざに注目した。ひざを伸ばしたり、曲げたりの動作をしてみる。すると、ひざを曲げて楽にしてみると、体全体の力が抜けて、上半身もいい具合にリラックスできるようになった。

「なるほど！　ひざの力を抜けば、体から力みがとれるんだな」

これ以降、私が選手にアドバイスを送るとき、「肩の力を抜け」などと言ったことは一度もなかった。とくに重要な場面で代打に起用する選手というのは、「ようし、ここで一発決めてやろう」と、つい力みがちだ。そうした選手には、私がそっと近づき、耳元でこう言っていた。

「ひざの力を抜け。ひざを楽にして柔らかく使え」

すると、選手も「あ、本当だ」と納得した顔をしていた。

「言葉をアレンジする力」の真髄は、まさにここにある。**目のつけどころを変え、より実態に近い表現をすることで、相手も吸収しやすくなる。**だからこそ、今まで当たり前だと思われたことへの先入観を捨て、「それはいったいどういうことなのか？」と、探求する姿勢こそが、指導者に求められるスキルなのである。

結果論で叱るのは絶対にご法度

叱られることを成長の糧にできる選手は間違いなく大成する。

ただし、1つだけ注意しておきたいことがある。それは**「結果論で叱ってはいけない」ということだ。**

たとえば経験の浅い選手を試合に出場させて、エラーしたとする。何も考えずにエラーしたのなら、注意することは必要だ。けれども、難しい打球をファンブルする、あるいは「ひょっとしたらアウトがとれるかもしれない」という一か八かの当たりが処理できなかった場合には、叱る必要はない。

思い切ったプレーや勇気のあるプレーに対しては、「次につなげるプレーをするには、どうしたらいいのか」を的確にアドバイスしてあげればよい。

だが、**「エラー＝失策」という意味に限定して叱り飛ばしてしまうと、叱責された選手**

は萎縮してしまう。それどころか、「次は無難に処理しよう」と消極的になり、思い切ったプレーというものができなくなってしまう。

息子の克則が中学生のとき、私は硬式のシニアチームの監督をしていた。意外に思われるかもしれないが、当時の私は、「褒める指導」を主体にしていた。中学生といえば、体は成長期にある。肩の強い子もいれば弱い子もいる。また打撃が得意な子もいれば、そうでない子もいる。それを一緒くたにして、「エラー＝ミス」と決めつけて叱り飛ばしてしまうのはおかしい。

たとえば外野からの送球で内野手に返すときにノーバウンドで届かない子がいた。この子は打球を捕球する能力には長けていたものの、いかんせん肩がそれほどでもなかった。本来ならば肩の強い子を入れるべきだろうが、彼のような優れた打球の判断をできる子は、そのチームにはいなかった。

そこでこの子を外野で起用したわけだが、彼は少しでも内野へ早く返球しようと、低い弾道でワンバウンドで送球することを心がけるようにした。すると、時折ではあるが送球がワンバウンドした際に、ボールが不規則に変化して、中継を受けた内野手がファンブルしてしまうことがあった。

私はこうしたシーンで叱らなかった。

なぜなら彼ができる限りの精いっぱいのプレーを実践していたからだ。ただ、「試合前のノックで、このグラウンドはどんな状態なのかは把握しておくんだぞ」とはアドバイスしてあげていた。少年野球の場合、プロのような良いコンディションのなかで、毎回試合ができるわけではない。粘土質のようなグラウンドのときもあれば、砂のような状態のグラウンドもある。それをあらかじめ把握し、「このグラウンドでワンバウンドの送球をしたらどう変化するのか」を見極めさせることが大切だと考えていたのだ。

このアドバイスを送って以降、彼は内野手がファンブルするような送球は一切投げなくなった。それは試合前にグラウンドの状態をじっくり把握したからに他ならない。

それを分からずに、「バカヤロー、きちんと送球しろ！」などと怒鳴ってしまったらどうなるだろうか？　おそらく言われた選手は萎縮し、一生懸命ノーバウンドで放ろうとするに違いない。だが、その場合は山なりの返球になってしまうだろうから、それまでよりもワンテンポ遅い返球となってしまうはずだ。

指導者はそのプレーが叱るに値するプレーなのか、それともアドバイスしたほうが効果的なプレーだったのか、それを見極める必要がある。

人は「育てるもの」ではなく、「育っていくもの」だ

私自身、人は「育てるもの」ではなく、「育っていくもの」だと、昔から自負している。たとえば1人の選手が、3年間、地道に練習に取り組み、試合でも結果を残すようになったとする。このとき指導する側が「彼は私が育てたんだ」と考え、すっかりその気になっていたのだとしたら、思い上がりも甚だしい。

こう言い切れるのも、私自身がそのような経験をしたからだ。私は野球における走攻守のなかで、「走」をもっとも苦手としていた。とくに長距離走ともなると、得意な選手たちと比べて、半周、いや1周遅れてゴールするなんていうこともしょっちゅうあった。

それを象徴する出来事が、1978年に移籍したロッテでのことである。当時の監督は金田正一《まさいち》さんで、とにかく「走る」ことを奨励していた。極端な話、朝から晩まで「走れ、走れ！」というムードで、練習が進んでいく。春季キャンプの時点では42歳だった私も、

金田さんの言葉に従うしかなかった。

最初はとにかく苦痛で苦痛で仕方がなかった。「こんなのはよ終われよ」――。何度も何度もそう思ったものだ。

だが、1日、また1日と過ぎていくごとに、苦痛の度合いが違ってきた。もちろんトップグループを並走するなんてことはなかったものの、どん尻の最下位ということではなくなり、少しずつ順位を上げていくことができた。

「うん、これなら現役としてまだやっていけそうだぞ」

自分に自信が湧いてきたのを、昨日のことのように思い出す。

その経験から、私は「指導者が育てた」というのは、指導者のエゴであって、選手の頑張りがあったからこそ、「育っていった」のだと考えるようになったのだ。

苦しいけど「走り切らなきゃ」という意欲がなければ力はついていかない。足が重い、吐き気がして気分が悪い――。でもそれを「乗り越えよう」と思うことで、自ずと「育とう」とする土台が出来上がる。

つまり、**指導者は「選手を育てよう」などと考えてはいけない。そばで見守ってあげるだけでよい。**実はこれは簡単にできそうで、そうではないのだ。

プロ野球の世界でも教えたがる指導者というのはいる。とくに新任のコーチともなれば、教えたくて教えたくてウズウズしているものだ。そこでつい指導と称して、欠点を矯正しようとする。

だが、そこで考えなくてはならないのは、欠点を直すと、他の部分に影響を及ぼしてしまうこともあるということだ。たとえば打者の場合であれば、タイミングが狂ってしまうかもしれないし、内角を得意としていたのに、そこが打てなくなってしまったりして、「自分はダメなんだ」と自信を失ってしまうことだってある。

もしも**指導者がまったくそのことに異を介さずに、「欠点だから直そう」という理由だけで無頓着に教えてしまうと、選手が本来持っていた良さすら失うリスクがある。**こんな無責任な教えをする指導者のために、どれだけの逸材が消えていったのか、枚挙に暇がない。

メジャーリーグには昔から、「教えないことが名コーチ」という格言がある。教えたくても教えない。その気持ちを大切にしてほしい。

「叱る」にもタイミングがある

叱ることにもタイミングがあるのをご存じの人は、意外と少ないかもしれない。

たとえばエラーをした選手がいたとする。それが相手に決勝点を与える致命的なミスで、チームも負けてしまったのならば、相当落ち込むだろう。こんなときに叱っても逆効果だ。エラーした当人は十分悔やんでいるだろうし、どうすれば防げたか、あれこれ思案しているかもしれない。

どんな人間でも失敗はする。もちろん私だってそうだ。ただ、試合の勝敗を分けるようなエラーをしたからといって、指導者はそこで責めてはいけない。**結果論だけで叱らずに、本人が「失敗から何を学び取ろうとするのか」、その姿勢を見守ってやるべきだ。**

そして翌日、本人が誰よりも早くグラウンドにやってきて、守備練習を繰り返し行っていたり、あるいはスコアラーやコーチとポジショニングの確認を綿密に行っているのだとしたらそれでいい。今、取り組むべきことは技術的なミスを解消することなのか、あるいはやるべきことをすべて行っていなかったからなのかを確認しているのだから、指導者はさらに黙って見守るべきである。

問題は昨日の失敗をまったく糧にしていない場合だ。翌日ケロッとした顔で現れるだけならまだしも、それまでと同じような練習をして、まったく反省の素振りすら見せないようでは、また次も同じ場面がやってきたときに同じ失敗を繰り返すかもしれない。このときはいよいよ指導者の出番である。

「昨日のエラーから、お前さんはいったい何を学んだんだ?」

こんな疑問をぶつけると、たいていの場合は即答できない。技術的なミスなのか、あるいは守っている場所が悪かったのか、振り返って反省していないのだから、同じ過ちを繰り返す可能性が高い。ここで初めて「叱る」という行動に出るわけだ。

ただし、エラーをしたという結果だけを見て叱ってはいけない。結果だけで叱っては、「次はエラーをしないようにしよう」と無難に守備をこなそうと考えてしまう。これではその選手の持っている長所さえ奪いかねないし、試合中は常に監督やコーチらの顔色を見ながらプレーする可能性が高いので、思い切ってプレーすることができなくなってしまう。これではチームにとってもマイナスにしかならない。

失敗を恐れていては成長しない。**試合で失敗しても、それを反省し、次につなげる準備をしているのであれば、指導者は何も言わなくていい。そうして選手は成長していくものだ。**

「失敗と書いて、せいちょうと読む」という私の持論の真意は、まさにそこにある。

叱るタイミングを間違うことで、その選手の特徴を失うリスクもあるということは、指導者であるならばぜひ覚えておいてもらいたい。

指導者は特訓の意味をはき違えてはならない

特訓の効果はどれだけあるのか。そう聞かれれば私は即座に「目的による」と答える。実はこの点をよく理解してないアマチュアの指導者は多い。「その練習をすることで、いったい何の役に立つのか?」、こう質問してみると、即座に答えられない……なんていうことだって、結構な割合であるはずだ。

たとえばショートを守っている選手に対して、「球際に強くしたい」という思いから、一番深いところにノックしたとする。二死一、二塁でこの位置に打球が実際に飛んできた場合、難なく処理してアウトにすることができれば、ピンチは潰える。仮に捕球はできたものの、一塁はセーフで満塁になったとしても、もう一度アウトにするチャンスは生まれる。こと「技術を習得する」という意味においては、こうした練習は間違いなくプラスになる。

だが、次、また次……と同じ位置に浴びせるようにノックを打ってしまうと、技術の習得にはならない。「あと一歩」で捕れそうなゴロを処理できるようにするには、冷静に判断できる頭脳と、体調が万全でないとできないはずだ。この場合の「体調が万全」というのは、ハアハア、ゼエゼエ息の上がっていない状態のことを指す。つまり、ヘトヘトになってまでやらせたノックは、技術の習得には結びつかないというわけだ。

もし**体力を消耗させるようなノックをするのであれば、それは「体力強化」に重点を置いたものでなければならない。このとき「技術の習得」という目的は、いったん切り離すべきなのだ。**そのように考えると、選手をへばらせるようなノックも有効となってくる。

よくノックをしているコーチが、

「どうした。もう終わりか？　そんなことじゃ投手は安心して投げられないぞ」

と言っている光景をグラウンドで目にしたが、あれはどういう意味での特訓なのか、聞いてみたい。「技術の習得」なのか、それとも「体力強化」が目的なのか。ユニフォームを泥だらけにして守っている選手を見る限り、「体力強化」に主眼を置いたノックのように見えるが、もしこれが「技術の習得のため」のノックだと言うのなら、それは滑稽である。このような指導者がいるようなチームが強くなることはないだろう。

メジャーリーグのスプリングキャンプでは、同じ練習を30分以上しないという。絶えず頭と体のコンディションを新鮮にしてトレーニングさせるために、むやみやたらと体をいじめるような、意味のない練習はしないのだ。

だからこそ私は考える。**特訓をするにしても、指導者がその意味を理解していなければ、まったくもって意味がない**ということを、この本をお読みになられている人は最低限、知っておいてほしい。

「型にはめる指導を行う」と、選手の良さは失われてしまう

今から40年近く前、私と交流のあったあるオーケストラの指揮者から、こんな話を聞いたことがある。当時、日本の音楽の先生の多くが、生徒を自分の好みの「型」にはめたがるという話をしていたとき。

「苦労して型にはまった場合、その生徒はどうなるんですか?」

私がこう質問すると、開口一番、

「苦労した分、報われればいいんですが、結局その子の持っている個性からすべて、死んでしまいますね。基本を教え込むことは必要でしょうが、それさえマスターできればあとは全部違ったっていいんです」

このことは野球でも同様のことが言える。「投げる」「打つ」「走る」「守る」、どれをとっても、自分の体や性格に合ったプレースタイルというのが必ずある。それにもかかわらず、

「こうしなきゃいけない」と型にはめたがる指導者というのは必ずいる。新人選手が合同自主トレに参加した初日から、手取り足取り教えようとしているコーチが実際にいた。

私はこうしたスタイルの教えをするものは良しとしない。新人選手であれば、走攻守のすべて、あるいはどれかにキラリと光るものがあって、ドラフトで指名されて入団してきた。だからこそ、1日や2日見ただけで、「この選手の特徴は……」などと判断してしまうのは、あまりにも早計すぎる。むしろ、ひと月、ふた月とじっくり観察していくなかで、その選手の良し悪しを見極めていくべきなのだ。

それにもかかわらず、**ある一定の方程式に当てはめて、懇切丁寧に教えてしまうのは、教えられた選手にしたってたまらない。**何をどうしたらいいのか、頭が混乱してしまうことだって大いにあり得る。

たとえば投手にしたって、地肩の強い投げ方をする者もいれば、下半身をうまくリードし、腕を引っ張って投げる者もいる。つまり、投球フォーム1つとっても、みんながみんな、同じ投げ方をする投手など、存在しない。そうした当たり前のことを理解しているのかがあいまいな指導者が、「君の投げ方は……」などと指導してしまったら、教えられる側の選手にとっても、悲劇以外の何物でもない。

なぜこのようなタイプの指導者が生まれてしまうのか。かつて私なりに考えたことがあるが、そのとき出した結論は、「教える側に自信がないから」である。**すべてを一定の型にはめこんでしまえば、無難な、平均的な選手が出来上がる。自分の体に合ったフォームなどお構いなし**――というわけだ。

私が西武で現役を過ごした晩年、柴田保光という投手が入団してきた。新人の自主トレに参加していた彼のキャッチボール姿を見て、私は惚れ惚れしてしまった。何しろ腕の振りがムチのようにしなって、ボールをリリースする瞬間の指先のかかり具合などが、抜群に素晴らしかった。それゆえにスピンの効いた、キレの良いボールが投げられている。

「これは将来、西武の屋台骨を背負って立つ投手になるな」

私はそう期待して見ていたのだが、数ヵ月してから彼のフォームを見たときに、以前とはまったく違う投げ方に変わってしまったことに気がついた。

「どうしてそんな投げ方になったんだ?」

私がそう聞くと、「投手コーチから投げ方を変えなさい」と指摘されて、今にいたったのだというではないか。その結果、腕のしなりはなくなり、スピード、ボールのキレも落ちてしまった。

いったい指導者は彼のどの部分を見て「投球フォームを変えなさい」と言ったのだろう。こうなると指導者側に、彼の良さが見えなかったとしか言いようがない。

その後、彼は日本ハムへトレードで移籍し、3度、2ケタ勝利を挙げたシーズンがあったが、西武の指導者が間違った方向に導きさえしなければ、もっともっとすごい投手になっていたに違いない。そう考えると、当時を見ていた私も本当に悔しい。

自分の持っているイメージと違うと、すぐに矯正する。こんな指導者の下にいる選手は、不幸であるとしか言いようがない。覚えのある者は、今すぐ考えをあらためるべきだ。

第4章　その失敗は何度まで許すべきか

4

「待つ」姿勢も大切
指導者は選手に対するアドバイスを

指導者が選手を指導するのは、「もっと上達してほしい」という願いがあるからこそ。これは当然の考えだ。けれども、「指導する」というのが実はやっかいなことであるというのを、多くの指導者は知らなすぎる。それはなぜか?

私が危惧しているのは、「教えすぎると選手自ら考えなくなる」ことだ。どこか不調なところがあると、すぐに指導者が教える。これでは選手は何が悪いのか自ら考え、その原因をつかみとり、ひいては、「これだ!」というスランプを脱出するときのコツを会得することができなくなってしまう。

とくに失敗をしたときには、指導者はすぐに口をはさみたがる。こうしたチームの選手は、そのチームに所属している間はいいが、そこから離れると途端にプレーの質が低下してしまう。これでは本当の意味で選手のためを思っての指導になっているとは言い難い。

選手自身が失敗したことをどう乗り越えようとしているのか。指導者がそれを見守ることだって大切である。私がそれを痛感したのは、野球評論家になって1年目の1981年、巨人の取材をしたときのことである。

王が引退した年、入れ替わるように原辰徳（現巨人監督）が入団してきた。高校、大学とさわやかなルックスと類まれな実力を兼ね備えており、「ONの後継者」として期待されていた。

だが、私は春季キャンプで彼の打撃を見た時点で、「2球で料理できる」と考えていた。原の弱点はアッパースイングであること。つまり、インハイをさばくのに苦労するのが目に見えていたのだ。

私が考えた配球はこうである。まずインハイにのけぞらせるようなボールを投げる。これで「アッ」となって、インハイを意識する。そこで次にアウトコース低めに変化球を投げる。インハイを意識していた分、「しめた！」となる。

けれどもそう思った直後にボールが変化していく。「あっ！　まずい！」と思っても、バットが止まらず、タイミングが狂ったまま、ボテボテの内野ゴロに終わる。

こうなることは、引退した直後に助監督に就任した王だってわかっていたはずだ。当時の原が、唯一バットがスムーズに出ていたのは、アウトハイのボールだけだった。果たして王はどう原を矯正していくのか――。

しかし、彼は一向に原に指導する気配がない。おそらく「いつ、アドバイスを与えたらいいか」を考えていたにせよ、想像するにそれは「今ではない」と思っていたのだろう。

原は即戦力のルーキーとして、大いに注目されていた。春季キャンプ中、原が歩けば大勢のマスコミが大移動し、一挙手一投足を追いかける。こんななかで野球をやるなんて、とてもじゃないが正常の心理状態とは言えない。

だが、原はやはり只者ではなかった。開幕を一軍でスタートさせると、レギュラーの座をつかみ、及第点以上の数字を残していた。けれども他のチームだって、彼の活躍をただ指をくわえて見ているわけにはいかない。弱点を執拗かつ徹底的に攻めてきた。

すると原の成績が下降していった。この時点でまだ王は原にアドバイスを送っている素振りがない。いったいどこまで我慢するのだろうか――。

「自分の力で這い上がってこい」、王が原にメッセージを送っているような気がした。「これだけ苦しんで何かを学んでくれればいい」と考えていたはずだ。

誰も助けてくれなければ、頼りになるのは己の力だけである。自分が突き当たっている壁をどう乗り越えればいいのか、寝ても覚めても考える。原自身、「プロは1人で生きていかなければならない」ことを学んだのと同時に、「考えることの大切さ」も痛切に感じたに違いない。

そうして王が原にアドバイスを送ったのは、ルーキーイヤーの6月のこと。つまり春季キャンプが始まってから4カ月も経過してからである。当時の王は、「選手に教えなさすぎる」という一部のメディアの批判にさらされていた。だが、王は「教えなさすぎ」ではなく、「自分の力で考えさせることが、選手自身が自立すること」だと考えていたのだ。

指導者は一時の好不調で一喜一憂してはいけない。「選手自身が失敗をどう乗り越えようとしているのか」のプロセスを見守ってあげることが大切なのだ。

指導者が指摘して変わらない選手、変わる選手の末路

選手が失敗を乗り越える時間は、できれば短いに越したことはない。そこで指導者が教えることで、短期間で失敗を乗り越えていく——。

これが理想だと考える指導者は少なくないかもしれないが、技術を会得するには、ある程度の時間を必要とする。1ヵ月でつかめる場合もあれば、4ヵ月、半年とかかってしまうことだってあるかもしれない。

それでも長い目で見れば、辛抱強く見守ることは、「考える引き出しを増やす」という意味においても、必要不可欠なことであると、私は考えている。

だが、**選手が間違った方向の努力をしていた場合には、指導者は即座に軌道修正してあげる必要がある。** たとえば「長距離打者の資質が欠けているにもかかわらず、ホームランを打とうとしている打者」や、「剛速球を投げられるわけではないのに、ストレート一本

で勝負しようとする投手」などは、その選手が目指すべき正しい道を示してあげることが大切だ。

ヤクルトの監督に就任した1年目、笘篠賢治という内野手がいた。平成に入ってすぐの年に二塁手として120試合に出場、32盗塁をマークして新人王を獲得した。

ただ、ホームランを打てる打者ではないのに、まるで長打を狙うような打撃に終始しているのが気になっていた。私はコーチを通じて、

「俊足を生かせるように、バットを短く持ってコンパクトに振り抜くスイングを心がけなさい」

ということは伝えていた。それは一度や二度の話ではない。オープン戦の最中、ずっと言い続けていた。

ここで誤算が生じた。笘篠は私のアドバイスには耳を貸さずに、己のプレースタイルを貫こうとしていたのだ。彼にはヒットエンドランやバスターなど、多彩な攻撃を仕掛けるためのキープレイヤーになると期待していたにもかかわらずだ。

私の堪忍袋の緒が切れたのは、シーズンに入ってからだった。あれはたしか当時のナゴヤ球場での中日との試合。相変わらずバットを長く持っているのを見て、

「いい加減にお前はいつまで長くバットを持っているんだ！　短く持てって言ってるのがわかんねえのか！」

とベンチから怒鳴った。相手の中日ベンチも、「いったい何が起こったんだ？」とざわついた雰囲気だったが、そんなことなど一切お構いなし。それでも短くバットを持たない笘篠に対し、私は見切りをつけ、飯田哲也ら他の若い選手を起用することにした。

これとは正反対だったのが、阪神の赤星憲広である。彼も笘篠同様、入団当初の春季キャンプでまるで長距離打者が使うようなバットを持ってきていた。彼の体格や能力からして、ホームランを期待することはハナから考えていない。

実際、フリーバッティングをやらせても、外野に届いた打球は数本だけ。あとは内野ゴロばかりだった。

そこで私は赤星を呼び寄せて、

「お前はいったいどんなバッターを目指しているんだ？　お前さんの特徴である足を生かせる打撃に変えなさい」

そう言うと、赤星は短距離打者が使うバットに変更して、内野にゴロを打つことを心がけた。彼の足ならば、ボテボテの内野ゴロを転がせば、かなりの高確率で一塁はセーフになる。そこから盗塁を仕掛け、得点圏に進んだところで後の打者が返せば得点が入る。攻撃のバリエーションが確実に1つできるわけだ。2003年、05年と阪神はリーグ優勝を果たしたが、赤星の活躍抜きには語れまい。

たとえ選手本人が「自分のセールスポイント」をわかっていなくても、指導者が的確に指摘してあげる。そのことによって選手が気づき、自らの意思で「変わろう」とすることで、改善されるケースというのは大いにあることだ。

ただし、指導者が指摘しても変わろうとしない選手の場合には――。そのときは他の選手に期待を寄せるしかない。これが酷なことであるかどうかは私には分からないが、まぎれもない現実である。

「捕手」は早めに資質があるかどうかを見極めたほうがいい

人材を育成することは、時間のかかる作業であることは間違いない。**とくに一朝一夕に育成できないのが、「捕手」というポジションである。**

「捕手は監督の分身である」と考えていた私にとって、捕手の育成はチーム作りにおいて最重要課題だった。当時のヤクルトには秦真司が正捕手の座についていたが、私は野球評論家時代から彼のリードは評価していなかった。秦は法大出身で大学4年時にはロサンゼルス五輪の代表メンバーにも選ばれていた。だが、彼の場合は守備力が評価されたわけではなく、打力が買われたのではないかと見ていた。なぜなら、私が解説をしていた頃から少年野球のお手本にしたいと思えるほどクセのない素直な打撃は評価していたものの、リードについてはお世辞にも考えているとは思えなかったからだ。

その予感は的中した。就任1年目の東京ドームでの巨人との開幕戦、3対4で落とすと、続く第2戦ではあろうことか、一軍経験の浅い木田優夫にサヨナラホームランを打たれてしまい、2対3でこの試合を落とした。

この場面、ランナーなしで投手が打席に立つことを考えれば、ブンブン振り回してくること以外には考えられない。逆にその対策だけを講じれば、つまり出会い頭の一発さえ気をつけていればなんてことのない場面だ。それをあっさりと、しかも木田にとっては初安打となる当たりがサヨナラホームランとなった。

たしかに試合はまだ残り128試合あることを考えれば、この2連敗のダメージはそう大きくない。だが、秦に残り128試合を任せていいのかと考えたとき、不安しかなかった。

実はこの後の試合でも、カウント3－0という場面で、何を考えているのか、変化球を要求したことがあった。点差はかなり開いていて、バッターは絶対に振ってこないにもかかわらず、意味不明な配球をしていた。

私はそのイニングが終わった直後、秦を呼んで直接聞いた。

「どうしてあそこで変化球を投げさせたんだ？」

秦に根拠があれば、私は叱らずにおこうと考えていた。だが、彼が口にしたのは、

「はあ。なんとなく打ってくる気がしたので……」

秦にこれ以上、捕手は任せられない。巨人との開幕2連戦で負けたという事実よりも、秦のリードに対する不安が鮮明となった。その後の数試合、秦を起用したものの、リード面で改善される点が皆無に見えたために見切りをつけ、後にヤクルトの不動の捕手となる古田敦也を起用することにしたのである。

捕手を育てるには指導者の根気が必要

「見守ること」が指導の1つの方法である一方、口酸っぱく言わなければ育たないポジションというのもある。私にとっては「捕手」がまさにそれに当たる。「投手が打たれるのは捕手のせい」と考えていた私にすれば、**「捕手に打たれない配球を覚えさせること」を重要視していた。**

古田に対しての第一印象はあまり良くなかった。メガネをかけているうえに、打撃練習をやらせたら、ボールがまったく前に飛ばない。見かねた私が、「オレが割り箸で打ったほうが飛んでいくぞ」と言ったこともあった。

だが、キャッチングとスローイングは素晴らしかった。股関節も柔らかく、キャッチャーズボックスでミットを構えたときにお尻が地面につくほどだった。さらに二塁までのスローイングは他のどの捕手よりも速かった。

私は強いチームにはリードの優れた捕手が必要だと考えていた。その点、古田と話をすると、聡明で非常に弁が立つ。さらに性格的にも強気なところがあると感じ取った。「配球について指導すれば絶対に成長する」、そう確信めいたものがあったので、「試合中はオレのそばから離れるな」と言って、古田への英才教育が始まった。

とりわけ私が彼に言い続けたのは、**「配球には『根拠』が必要」**だった。ストライクを稼ぐ球、バッターの反応を探るための球、空振りを誘う球、ゴロを打たせる球。1球1球、目的を持ってサインを出すことを要求した。**何気なく投じた1球が命取りになることだってある。**私はそう考えていたからこそ、古田には厳しくあたったのだ。

どうして古田よりもプロ経験のある秦に同じことを施そうとしなかったのかと、疑問をお持ちの人もいるかもしれない。私が思うに、プロに入ってまがりなりにも「通用している」と考えている選手ほど、私が厳しくリードについてあれこれ指摘したら、「そこまで考える必要ないでしょう」と気が滅入ってしまう可能性が高い。そのことは現役晩年の西武時代、田淵幸一のリードを見て、そして彼に直接指摘したときに感じた。

田淵は捕手として阪神に入団し、その後トレードで西武に移籍してきたが、はっきり言ってリードのことなど1つも考えておらず、「打たれたのは、投手が投げた球の力が足りなかったせいですよ」と断言していた。このような感性の持ち主にリードのことをあれこれ言ったところで議論にならないし、また教える側としても得るものは何1つとしてない。田淵の例は極端だとしても、秦には田淵に近い匂いを感じ取ったのだ。

だが、古田はプロの世界にはまだ染まっていない。スポンジが水を吸収するかのごとく、教えれば教えるほど、配球のイロハを吸収してくれるだろうと信じていた。

「お前ならこのバッターをどう攻める?」「あの見逃し方なら、次は何のボールを狙っていると思う?」ベンチ内でも私と古田の配球に関する授業は続いた。古田とのやりとりを見た他の選手たちは、「おっかなかったですよ」「乱闘に発展しないか、ヒヤヒヤしていましたよ」などと後に言っていたのを聞いたことがあるが、それだけ私も捕手の育成に必死だったのだ。

そうして古田は、「捕手・野村克也」に匹敵する捕手に育ったのである。捕手に適した人材を見抜く目、その育成について、古田を通じて私は大いに学ばせてもらった。

失敗を「失敗である」と正しく指摘できることも指導者の務め

どんな人でも失敗は必ずあるが、それを失敗であると気づいていない場合がある。そんなときは指導者がいち早く気づかせ、正しい方向に導いてあげなくてはならない。

たとえば「ベテラン」と呼ばれる人たち。彼らは豊富な経験を持ち、組織において必要不可欠な存在となるものだ。そんなベテランがミスをしたら、指導者はどう叱るべきか。私だったら配慮のある叱り方をするだろう。言うならば「諭すようにたしなめる」ことだ。ヤクルト時代でいえば、広澤克実がこれに当たる。

広澤は人間教育の厳しい島岡吉郎さんが監督を務めた明大で4年間過ごし、ロス五輪の日本代表にも選出され、金メダル獲得に貢献した。若いときから自己管理も徹底していて、人間的にも大人だった。

たとえばスランプのときやミスをした翌日は自ら志願して、特守や特打を志願し、これまでの失敗を挽回しようと必死だった。チームの中心選手のそのような姿は、他の選手たちにも好影響を与える。私がヤクルトの監督に就任した当時の広澤は28歳とまだまだベテランと呼ぶには早かったのだが、試合に出場している野手のなかでは年長組に入ったので、ベテランと同じ位置づけで接していた。

ただし、そんな広澤にも欠点があった。「ブンブン丸」と呼ばれた池山隆寛と同様に、バットをブンブン振り回しては空振りばかりして三振の山を築いている。85年から92年までの8年間、毎年のように100個以上の三振を喫していた。打線の中心となる選手が、こんな恥ずかしい記録を作っているようでは、監督としてもたまったものではない。そこで私は広澤を呼んで2人きりでじっくり話すことにした。

「お前さんは四球になると、嫌そうな顔をするな。四球は嫌いか?」

「はい、好きではありません。できれば打ちたいです」

「それでフルカウントになると、当たりそうにないボールでも振りに行くのか?」

広澤は無言で私の話を聞いている。そして続けざまに、

「監督としては、三振よりたとえ四球であっても塁に出てくれるほうがありがたいんだ。それに相手の立場に立ってみろ。四球で走者を出すのはいやなもんだろう。それがボール

球を振って三振なんかしてたら、相手を勢いづかせるだけだと思わないか?」

黙り続ける広澤に対し、さらに私はたたみかける。

「自分だけが目立つんじゃなくて、勝つことで数百万人のファンを喜ばせることが、この仕事の醍醐味なんじゃないのか?」

広澤はハッという表情をしていた。何かを感じ取ってくれたような、そんな顔だったのを今でも覚えている。

そしてこれ以後、広澤は明らかなボール球には一切手を出さなくなった。相手チームは塁上に走者がいたときに彼を迎えると、明らかに嫌そうな顔をしていたことからも分かるように、名実ともにチームの頼れる主砲へと変貌を遂げたのだ。

このように**チームのベテラン、つまり経験者にはきつく叱責するよりも、心を揺さぶられるような、感動を与える言葉を与えるほうが効果がある。**経験の浅い人たちは知識や意識、技術の高さなどが格段に違う。彼らと同じ存在だととらえてはいけない。

心に響くような言葉を投げかけてあげれば、「そんなにオレのことを頼りにしてくれているんだな」と自覚し、それまでの考え方からあらためる。そうなると行動にも変化が起きる。それこそが指導者が経験者に期待していた真の姿だったはずだ。

私は「叱ってこそ人は育つ」という信念があるが、**諭すように叱る方法もある**ということも、多くの指導者に学んでもらいたい。

指導者は「選手の適性のポジション」を見極めることも必要

野球のポジションにはそれぞれに適性が必要だ。たとえば投手なら速いボールとキレのある変化球がストライクゾーンに投げられること、あるいは内野手だったらグラブさばきがうまく、クイックで素早く送球できる、はたまた外野手は強肩でボールが落下してくるまでに追いつけるだけの走力がなければならないなど、その人それぞれに合ったポジションに守らせることで、盤石な布陣が敷ける。

では捕手はどうかといえば、**打者の心理を読み解く「疑い屋」でなければ務まらない**。いかに打たせないようにするか。その1点に全神経を集中させ、失点しないだけの備えをしながら戦いに挑む。もちろん最悪の事態だって想定しておく。投手の調子が悪かったり、あるいは味方の予期せぬエラーでピンチを招いたときに、どう対処すべきか。危機管理能力が求められるのも、捕手の役割の1つである。

だが、若い頃の私は、一度だけ捕手を辞めたいと思ったことがあった。私がどんなに配球を考えても投手が打たれ、そしてチームが負ける。それが連敗という形になって、負の連鎖となっていく。「どうして打たれるんだろう……」とあれこれ思考を巡らすが、答えらしい答えは1つも浮かばない。

「もうダメだ。これ以上、捕手を続けるのは困難だ」、私自身、張り詰めていた糸がプツンと切れてしまい、あるときコーチに、「捕手はもう無理です」と切り出した。当初は驚いた顔を浮かべていたが、「野村、今日はレフトを守れ」と指示された。

そう告げられたとき、私は心のどこかで安心した。これで捕手の緊張感から解放される――。そう思いレフトの守備位置に入ったのだが、心なしかなんだか落ち着かない。

その様子が、ベンチからも見てとれたのだろう。コーチから、「おーい野村、そこじゃないよ、もっと前だ、前!」と大声で指示が飛んでくることが一度や二度ではなかった。捕手はダメだと思って入ったレフトのポジションであるにもかかわらず、落ち着いて守備ができないようでは、そのポジションを守る資格すらない。

鶴岡さんは焦りまくる私の心理状態を見抜いたのだろう。試合が中盤に差しかかった5回、私にこう言ってくれた。

「もういい野村、次の回から捕手に戻れ」

その言葉に安堵したことは今でも忘れない。それ以後、私は「捕手を辞めます」というセリフを二度と口にすることはなかった。

このとき私が学んだのは、**「人には適材適所というのが必ずある」**ということだ。私のケースでいえば、外野手には打球をとるための俊敏な足と、内野に矢のような送球で返す肩の強さが求められる。これに対して捕手の場合は、外野手のような俊敏性よりも打者を打ち取るための「感じる力」が必要となる。つまり、捕手と外野手とでは、求められる能力はまったく違うというわけだ。

鶴岡さんは外野に回った私の不安げな様子がすぐに分かったのだろう。もちろんすぐに代えようと思えば代えられたはずだが、鶴岡さんはそうはせずに、私の様子を遠くから見守っていた。一方の私は私で、鶴岡さんが「いつになったら代えてくれるんだろう?」と不安な気持ちが回を追うごとに増幅していった。あのまま外野を守っていたら、私のミスでとんでもないことになっていたに違いない。

組織のリーダーである監督が、その分野に一番精通してなくてはならないことを、鶴岡さんのこのときの判断から私は学んだ。

「全責任はオレがとる」と指導者が腹を括れば、選手は伸び伸びプレーできる

試合での失敗を未然に防ぐ方法として、「指導者が全責任をかぶる覚悟」が挙げられる。腹を括っていないとなかなかできることではないが、それによって選手たちのプレッシャーが軽減されるのは間違いない。

今でもふと思い出すことがある。南海時代、鶴岡さんの下でコーチを務めていた蔭山和夫さんのことだ。蔭山さんは南海の監督就任が決まった4日後に亡くなられたのだが、私のよき理解者であり、また野球を勉強させていただいた、数少ない恩人でもある。

また、球歴も素晴らしかった。蔭山さんは旧制市岡中学から早稲田大学と名門コースを歩み、1950年に南海に入団。飯田徳治さんや木塚忠助さんらと「百万ドルの内野陣」を形成し、内野手として活躍された。そして何といっても、蔭山さんの最大の武器は「頭脳」だった。

後にヘッドコーチとして、私をサポートしてくれたドン・ブレイザーとはまだ交流を持つ前の人だったが、蔭山さんは当時としては珍しく理論を持った指導者だった。私も幾度となく、「この場面はどう対処したらいいですか?」と、意見を求めた。

そんな蔭山さんだったからこそ、鶴岡さんから慕われた。前述したが、鶴岡さんは軍隊野球、根性論をよしとしていたため、理論のある蔭山さんを大いに頼り、味方がピンチになると、「カゲ、この場面はどうやったら切り抜けられるんだ?」と、ことあるごとにアドバイスを求められたそうだ。

そんなあるとき、判断に迷う事態が訪れた。私が投手の配球で困っていたときのこと。その日、先発した投手が絶不調だったが、どうにか序盤、中盤と抑え切り、終盤を乗り越えれば勝利が転がってくるという展開だった。

だが、8回や9回ともなれば、相手も目の色を変えて攻めてくる。当時は今のように投手の分業制は確立されていなかったため、先発投手は完投が義務づけられていたのだが、どうにも乗り越えられそうにない。

8回の味方の攻撃の最中に、蔭山さんに投手起用について相談すると、力強くこう言った。

「いいかノム、責任はオレが持つから、とにかく思い切ってやれ。困ったらオレのところにくればいいんだぞ」

私は胸に熱いものが込み上げた。鶴岡さんに相談しても、返ってくる答えは決まって「勉強せい！」のひとことで終わりだっただけに、「責任はオレが持つ」と断言してくれた蔭山さんの心意気は、私の心を勇気づかせた。その結果、最終回も臆することなく、フラフラになった投手をリードし、見事に勝利をおさめることができたのだ。

このとき初めて**指導者たるもの、選手が本当に困ったときには、自らが責任を持つくらいの覚悟がなければその役目は務まらない**と実感した。間違っても指導者が選手に責任を押しつけるようなマネをしては、選手たちは絶対についてこない。

鶴岡さんの「勉強せい」という言葉で、たしかに独学で野球を一から学び直した面はある。ただし、自分1人では判断に迷う場面や、事態をどう打開すべきか結論が出ない場面というのは、必ずやってくる。そんなときに出てくるリーダーの「責任はオレがとる」の姿勢こそ、選手を勇気づかせるものだし、「この人についていこう」と信頼されるのである。

第5章　凡人が天才に勝つために必要なこと

5

努力する方向性は絶対に間違えるな

失敗や負けを糧にして、努力をすることは必要だ。けれども、〝ただ努力するだけ〟ではいけない。「正しい努力」を続けないと、そのすべてが徒労に終わることだってある。

このことはほかでもない、私自身がそうだった。プロ入り4年目に初めて本塁打王のタイトルを獲ったが、5年目には他のチームから研究されて、本塁打数が前年の30本から21本に大きく減った。そのとき私なりに本塁打が減った理由を分析した結果、「練習の量が足りないせいだ」と思い込み、来る日も来る日も必死になってバットを振り続けた。

それでも結果は出ない。三振の数は前年よりも増え、打率も下降したままだった。素振りを毎日の日課として続けているにもかかわらず、その成果がまったく現れない。カーブがくると、バットがクルクルと面白いように回ってしまい、正直どうしていいのか分からなくなってしまった。

そんなときに、大リーグで最後の4割打者といわれたテッド・ウィリアムズの『打撃論』を手にする機会があったので、何気なく目を通してみた。するとハッと驚くことが書かれていた。要約すると、次のようなことである。

「投手は捕手のサインを見終わって振りかぶるときには、直球を投げるか、変化球を投げるか100％決めているはずだ。そこに小さな変化が出てくる。それで私は投手の投げてくる球種が80％分かる」

私は一明の光が差し込んだ気がした。小さな変化とはすなわち、「クセ」のことである。今でこそ、データで配球を読むことは日常茶飯事だが、当時はそんなことを指摘する人は誰もいなかった。

私の場合、カーブがくると分かっていれば打てたが、「次はストレートだ」と思っているところにカーブがきたらまったく歯が立たなかった。だからこそ、投手が事前に何を投げてくるのかが分かれば、しめたもの。クセの発見は私の打撃向上にひと役、いやそれ以上の役割を果たしたのだ。

実際にベンチで投手をつぶさに見ていたら、ほとんどの投手は何らかのクセを持っていることに気がついた。どうしてここに着眼しなかったのだろう、もっと早く気づくことができなかったのかと、私は悔やんだ。

クセを発見するたびに、野球の楽しさが増してきた。たとえ一線級の投手が出てこようとも、ストレートと変化球を投げるときのクセが一目瞭然だったので、打席に立って狙い球を絞り、鮮やかにスタンドに持っていくことがしょっちゅうあった。

私は「己がどのような選手で、何を身につければよいのか」を発見することができたので、その後も野球選手として成長するにいたったが、このことは私以外の大勢にあてはまるのではないだろうか。**伸び悩んでいる人、あるいは峠を越えたと思われる人であっても、自分自身が気づかなかった、新たな可能性さえ発見することができれば、まだまだ成長できるはずだ。**

それに自分が長所だと思っていること、セールスポイントが実は違っていたりすることは結構あるものだ。そこで自問自答し、間違った努力をしないことが大切になる。

「何百本打ち込んだとか、何百球投げ込んだことが、本当に正しいのだろうか、日々、自分自身に問いかけよ」

鈍感な人間は、失敗を失敗として自覚できないだけでなく、自分が間違った努力をしていることにも気づかない。もしそのまま間違った努力をしていたら――。最後は自分の居場所がなくなってしまうことになるのだ。

誰もがイチローや大谷翔平になれるわけではない

プロ野球の世界は、誰もが認める即戦力の選手がいる一方で、キラリと光るダイヤの原石を持った、未知数の選手もいる。チームとして是が非でもほしいのは「即戦力の選手」というのが本音だが、その一方で「今ではなく、2〜3年先を見据えた」補強をすることも珍しくない。

組織とは難しいもので、たとえ今、隆盛を極めていても、3年先、5年先も同じように繁栄しているとは限らない。ちょっとでもあぐらをかいてしまえば、瞬く間にライバルにその座を奪い取られてしまうなんてことも、往々にしてあるものだ。

そこで私は、ドラフトの上位指名の選手だけでなく、下位指名の選手もくまなくチェックしていた。彼らがダイヤの原石だとしたら、どう磨けば光り輝くことができるのか、そのことを思案したりもした。

たとえば「身体能力は素晴らしいが、打撃、守備のいずれとも劣っている」選手がいたとする。このような選手だとしたら、私ならば間違いなく「守備の能力」を向上させる。肩が強く、俊足であれば、間違いなく守備固めで起用することができるからだ。それに打撃にはスランプがあるが、守備にはスランプはない。シーズンを通して一定の活躍が期待できるのは打撃ではなく、守備である。

ところが、身体能力があるからといって、打撃練習に専念させて、「長距離打者に育ててみよう」とするのは危険だ。たしかに相手投手が直球しか投げないというのならそれでも構わないかもしれないが、実際の試合になると直球だけでなく、カーブやスライダー、フォークボールなどの変化球も投げてくる。変化球は直球とは違って、ワンテンポタイミングを遅らせたり、瞬時の判断力が必要になる。

それは打撃練習を積み重ねさせたところで、簡単に身につく技術ではない。打撃でボールを遠くに飛ばしたり、あるいはヒットゾーンに打球を打つことは、天性の才能も必要となる。長嶋茂雄、王貞治、イチロー、大谷翔平と、超一流と呼ばれる打者は努力を積み重ねてきた一方で、天賦の才にも恵まれていた。そのことをよく理解せずに、打撃練習を行っても、必ずしもうまくいくとは限らない。

打撃は3割打てれば好打者といわれ、7割の失敗が許される。こんなスポーツは野球以外に存在するのだろうかと、私は思わず聞きたくなってくる。

だが、守備は違う。エラーさえしなければ10割の成功率を目指すことだってできるし、ボールを捕ってから投げるまでの一連の動作は、練習を重ねれば重ねるほど上達する。

それに試合にはレギュラー選手に代打を送ることもある。そのときに代わって入るのは「守備のいい選手」だ。とくに試合の終盤になればなるほど、守備のいい選手を起用することでチーム内に安心感を漂わせる。勝ち試合であればあるほど、守備のいい選手は重宝されるし、試合に出場する機会に恵まれるのも守備のいい選手のほうだ。だからこそ、一軍を目指すのであれば、打撃よりも守備のいい選手になることである。

そこをはき違えて、「自分はこちらのほうが得意だから」と言って、苦手なものにはまったく見向きもしないとか、実戦で活躍できるのはこちらだからと、自分の判断で一方的に決めつけて、見当違いの努力をしているようでは、お先真っ暗になってしまう。

野球界に限らず、今いる世界に入れたということは、何か1つでもキラリと光るものがあったと評価されたからである。**「どういう努力をしていけば、この選手は大成できるの**

か」というのを念頭に置き、正しい方向の努力を積み重ねていけるよう、指導者は選手に対して目をかけてあげることが、大事なのである。

テーマのない練習はまったく意味がない

私は監督時代、ミーティングの場で選手によく口にしていた言葉がある。

「テーマのない努力ほど、ムダなものはない」

プロの野球選手なのだから、みんな考えて練習に取り組んでいるのではないかとお思いの人もいるかもしれないが、ただ漠然とバットを振ったり、あるいは数多く投げるだけで明確な意図を持たない練習をしている選手というのは意外と多い。これは何も今に始まったことではなく、昔からよく見てきた光景でもある。

明確な目的意識を持って、深く考えて野球に取り組んでいるかどうかは、練習している姿を見れば一目瞭然だ。

たとえば右打者が打撃練習に取り組んでいたとする。くる球をすべて思い切り引っ張っているのは、単に「気持ちよく打っているだけ」に過ぎない。それでは試合で相手投手が打撃練習のときと同じようなボールを投げてくるかといえば、そんなことはまずありえない。相手は打ち取ろうと思って必死に投げてくるし、練習のときと同じような当たりが出るなんて、10打席立って1回あるかないかだ。

だが、センターから反対方向を中心に打っていたらどうだろう。試合でヒットエンドランのサインが出されることをイメージして練習しているとも考えられるし、試合で投手に厳しいところを攻められたときの対処法に取り組んでいるのかもしれない。いずれにしても、何らかの目的意識を持って練習していることだけは明らかだ。

このことは投手とて一緒だ。どこに投げるのか、コースをまったく考えずに、ただ単にストレートを気持ちよく投げているだけでは、試合では通用しない。プロの打者は140〜150キロくらいなら容易にはじき返すだけの力を持っている。それだけを練習していたってまったく実にならない。

だが、同じストレートを投げるのでも、外角低めの制球を磨いているのだとしたら、話は大きく変わってくる。私の持論で、「困ったときには原点」という言葉があることは前にも述べたが、打者への配球の策が尽きたと思われたとき、アウトローへコントロールよくストレートが放れたら、打ち取る確率が高くなるという意味だ。どんな好打者でも、打席から一番遠いアウトローにズバッとコントロールよく決められたら、そうは打てるものではない。それを磨くための練習に取り組んでいたのだとしたら、それは大いに意味のあることだ。

指導者は、今やっていることはどういう意味があるのか、選手に対して問いかけをしてあげるのと同時に、目的意識を持って取り組むように物事を深く考えさせる習慣を身につけさせなくてはならない。「私はこういう目的があるから、今、このことに取り組んでいるのですよ」という姿は、指導者に必ずといっていいほど伝わる。それが伝わらないのは、選手がテーマを持って練習に取り組んでいない証拠なのだ。

基本をおろそかにしては絶対に一流になれない

基本をおろそかにしないこと——私が心がけていることである。

こう書くと、「なんだ、そんなの当たり前じゃないか」と思われる人もいるかもしれない。私が言いたいのは、「基本をおろそかにしないことを継続するのは、根気と積み重ねが必要」だということだ。

このことを思い知らせてくれたのは、私が南海のプレイングマネージャー時代のことである。当時、内野ノックはヘッドコーチであるドン・ブレイザーにお願いしていた。彼のノックは、正面のやさしいゴロばかり。左右に動いてフットワークを要する打球は決して打たなかった。

するとあるとき、選手の１人がブレイザーにこう注文をつけた。

「もっと左右に散らすようなノックを打ってもらえませんか」

するとブレイザーは間髪入れずに、こう返した。

「正面のゴロを完璧に捕って投げられるようになるまでは、左右のノックはしない」

だが、その選手も食い下がる。

「それではあなたの現役時代のようなファインプレーができないじゃないですか」

この問いに対するブレイザーの答えは明快だった。

「正面のゴロを完璧に処理する。基本的なことがしっかりできるようになり、あとはダッシュ力さえあれば、あのようなプレーは誰にだってできる。だからまずは正面のゴロを100%、捕れるようになってから次の段階に進もうじゃないか」

ブレイザーにそう言われると、その選手はそれ以上反論しなかった。

私はそれまで「プロ野球選手だって人間なんだから、ミスを犯すことだってある」と考えていた。だが、ブレイザーは一切の妥協をしなかった。**基本のプレーを身につけることさえできれば、応用ができると考えていたのだ。**

ブレイザーの考えは的中した。このやり方で南海の内野陣の守備力はみるみる向上し、レギュラーシーズンではイージーエラーをするシーンが一切見られなくなった。

話はこれだけで終わらない。あれはたしかヤクルトの監督時代のアメリカ・ユマでの春季キャンプでのことだった。当時、レギュラーの捕手となった古田敦也に、もうワンランク上の技術を身につけてもらおうと、アトランタ・ブレーブスのバット・コラレスコーチに指導をお願いした。

彼も捕手出身である。古田の長所を一目で見抜き、「彼は素晴らしい能力を持ったキャッチャーだ」と目を細めた。

だが、「ただし、1つだけ注文がある。彼はキャッチャーゴロを両手で捕っていない」と続けた。これには古田も反論した。

「ゴロを両手で捕るという基本はよく理解しています。けれども自分はキャッチャーゴロは片手で捕ったほうが、素早く次のプレーに移れるし、自信もあるんです」

そこでコラレスは古田にこう質問した。

「それで100%、エラーしないと断言できますか?」

古田は間髪入れずに、「99%は成功する自信があります」と答えると、コラレスの表情は一変した。

「ということは、『1%のミスはある』ということだね。その1%のミスで、チームが負けてしまったら、君はどうするんだ?」

古田は答えられなかった。それと同時に、私は自分の愚かさを悔いた。日ごろから選手に厳しい注文をしておきながら、古田の片手捕りを黙認していたからだ。

基本を大事にすることは、アマチュアだけではない。プロ野球選手、もっと言えばメジャーリーガーだって同じだということだ。**基本を100%、成功させることで、指導者は選手を次のステップへ進めさせることができる**ということを、肝に銘じておくとよい。

データを上手に活用すれば、勝率はグンと上がる

膨大なデータのなかから、必要なものだけを抜き取って使う。簡単なことのようで、実はもっとも難しい。これは野球とて例外ではないが、うまく活用できるようになれば、最高の武器になる。

唐突だが、野球のカウントはいくつあるかご存じだろうか？　こう聞くと、即座に答えられる人は少ないかもしれない。

カウントとは、0－0（ノーボール・ノーストライク）から始まり、3－2まで12通りのカウントがある。それぞれカウントごとに投手の心理、打者の心理は違ってくる。当然ここにアウトカウントや走者の有無が加わってくると、さらに状況は複雑になっていく。

そこで私は、相手チーム、そして自軍の選手たちのデータを収集させた。たとえば相手の投手に関しては「カウント別」「イニング別」「状況別」にそれぞれ分けていく。

すると、「このカウントになると変化球がくる」「試合の序盤はストレートで押しているが、後半になると変化球の割合が3〜4割増えてくる」「走者がいないとポンポン気持ちよくストライクを放っているが、走者を背負うと慎重になってボール球が多くなる」といったように、データは増え、そして相手がどういう攻め方をしてくるのかの傾向がはっきりと分かるようになる。

つまり、**データの量が多ければ多いほど、野球が簡単になっていくのだ。**無死一塁でカウントが1−1のとき、相手投手はストレートを投げてくる割合が8割以上もあると事前に分かっていたら、打席に立つ打者も、「次はこの球がくるぞ」と覚悟を決めて迷わず待つことができる。その分だけヒットを打つ確率が高まってくるものだ。

だが、データが何もない、あるいは乏しかったりすると、

「ここはストレートで押してくるだろうなあ。いや待てよ、ひょっとしたら変化球を投げてくるかもしれない。ええい、どっちだろうなあ」

などと、打席で迷いが生じてしまう。前者と後者のこの違いは大きい。

プロ野球の世界に目を向ければ、好投手と呼ばれる逸材が多い。ましてやエース級の投

手だと、そうは簡単に打ち崩せるものではない。しかも球種も豊富にあるので、打者からしたらヒットを打てる確率は格段に落ちてしまう。このことはアマチュアの世界にも同じことが言えるだろう。

だからこそ、事前にデータを膨大に収集し、整理して活用することが大切なのだ。

こうした傾向は監督だけでなく、コーチも含めた指導者全員が把握しておく必要がある。なぜなら監督は選手起用や作戦面などで決定を下す権利があるので当然知っておかなければならないからだ。

投手コーチや打撃コーチなどは、それぞれ相手打者や相手投手のデータ傾向を把握する。また、その日登板する予定の投手や、スターティングメンバーに名を連ねた打者たちと事前にミーティングを行って、対策を練るなど、やらなくてはならないことは膨大にある。

一番やってはいけないのは、ちぐはぐで要領を得ないデータを収集することだ。相手だって私たちと同じように研究してくるだろうから、攻め方の傾向が変わることは大いにあり得る。そうなったときにデータをバージョンアップしていかないことには活用できないし、ポイントがずれているようなデータではまったく使えないので、収集するだけくたびれ損に終わってしまう。

試合展開を考えながら確率の高い答えを選択するには、どんなデータを用意すべきか、それは日頃から備えておくべきものだし、細分化したデータはチーム全員で知っておくべきものである。

勝ち試合のなかでもしっかり反省するポイントを見つけよ

つい最近、旧知の記者と雑談していたときのエピソードだが、最近の経営者や教育者はポジティブシンキングというか、成功体験を失敗よりも重視しているそうだ。その理由は、「成功することで、達成感や喜び、感動が得られ、それが自信となって、さらなる目標達成への意欲を促す」からだという。

たしかに一理ある。監督であれ、選手であれ、勝つことで自信が生まれることはあるし、大切なことだ。

ホームランを打ったときの映像を見て、調子のいいときの感覚やイメージを思い出すのは悪いことではない。もちろん投手についても同じだ。いいときのピッチングを見て、フォームのバランスは崩れていないか、球離れはどうなっているかなどをチェックすることで、不調を乗り越える選手は数多くいる。

ただ、私が記憶している限り、成功したときや勝ったときには、なぜうまくいったのか、あるいはどこが良かったのかを、突き詰めて追求することはなかったように思える。「勝った」という事実によって、内容を検討するにはいたらないということもたしかにあった。

そうしたなかで、**勝ち試合でも反省しなければならないことがあるとすれば、気の緩んだプレーや通常ではありえないミスをしたときである。**たとえばこんな具合だ。

試合は10対0で勝っていて、相手チームの最終回の攻撃を迎えたとする。ワンサイドのスコアなのだから、普通に考えてもそのまま試合は終わると誰もが思うだろう。けれども、自軍の投手が先頭打者にいきなり2つ続けて四球を出してしまい、そこから味方のエラーと4連打と反撃されて3点を失ってしまった。結局、そこで投手を代えて後続はどうにか抑えたものの、こうした試合はたとえ勝ってもいただけない。

その理由は2つある。

1つは、「先頭打者から立て続けに出した二つの四球はいらない」ということだ。10点差もあるのだから、ストライク勝負をして早めに追い込み、ウイニングショットを投げさせればいい。だが、四球では何もしなくても塁を与えてしまう。しかも10点差で先頭打者への四球など、ムダ以外の何物でもない。私が一番許せないパターンだ。

このような場合、捕手を呼んでその理由を問いただした。「投手の技術的なものなのか」、それとも「心理的なものから四球を出した」のか、それによって受け取り方が違う。技術的なものが理由で2つ続けて四球を出したというのなら、投球フォームをチェックしておく必要がある。

一方、心理的な場合であれば、それは捕手の責任でもある。投手は打たれる恐怖、四球を出す恐怖を持っている。「大丈夫、信頼してこい」とジェスチャーや言葉、そしてときにはサインそのもので、マウンドにいる投手を安心させてあげるのも、捕手の務めなのだ。

もう1つは、最後に相手に3点を与えてしまったことで、「よし、明日はオレたちはやるぞ！」と相手の勢いを呼び戻してしまう可能性がある。せっかく大勝したのに、最終回の3失点によって水を差されてしまったというわけだ。

このようなとき、相手を勢いづかせないようにするため、なぜあの場面で3点取られたのか、何か防ぐ方法はなかったのかを、ミーティングで確認するようにしていた。

たとえ勝ったときでも、相手の勢いを封じる勝ち方か、あるいはそうではなかったかで、勝利の意味合いが違ってくる。前者であれば問題ないが、後者はそのままにしておくと油断につながり、ちょっとしたほころびから連敗してしまうことだってあり得る。それを防ぐために、たとえ勝ってもその内容によっては、厳しく律する姿勢は、指導者には大切なことである。

技術的な限界がきたら、さらに越える努力をせよ

人は成長する過程で段階があるが、「もうここでいいや」と自分で諦めてしまった時点でそれ以降の成長は望めない。これは何も野球の世界に限った話ではない。どんな分野においても、技術的な壁は存在するものだし、どんなに努力し、頑張っても「越えられない限界」というのは必ずある。

私に言わせれば、技術的な限界にぶち当たるのは、第一段階に過ぎない。ここからどう努力し、自分の殻を破ろうとするのかが、本当の勝負なのである。

プロ野球の世界の場合で言えば、ドラフトを経て入団してくる新人選手は、皆キラリと光るダイヤの原石だと思っている。ドラフト前のスカウト陣からの評価を聞いていても、「高校時代、通算40本のホームランを打って、走攻守揃った選手」であるとか、「MAX150キロのストレートを投げて、変化球のキレも良い」といった具合に、指名されるだ

けの潜在能力の高さを秘めているのはたしかだ。

一方、高校時代に通算40本のホームランを打っていたとしても、相手投手のレベルが低かったり、MAX150キロのストレートを投げるといっても、制球が今一つで捕手の構えたところに投げられないなど、なにかしらの課題を抱えているのも、新人選手によく見られることである。

そのせいか、いざプロ入りすると、先輩たちのすごさに圧倒されてしまうケースが多い。スイングスピードが違っていたり、制球が抜群に良かったりするものだから、そこで自分の実力と比較する。

「オレの来るような世界じゃなかった」と絶望感に打ちひしがれるのも、ある意味、仕方のないことかもしれない。だが、本当の勝負はここからなのだ。プロのレベルの高さを身に沁みて痛感したときに自分はどういう選手になるべきか。

たとえば自分では長距離打者だと思っていたのに、プロに入ったらそうなれそうもないと悟ったら、どういうプレーヤーを目指すべきか。あるいは制球に苦しんでいたら、現状からどう打破していけばいいのか。そこから己との格闘が始まる。

人間には技術的限界があるが、挑戦することには限界がない。どんな人間にも技術的な限界はいつかやってくる。たとえ1年目に好成績を残しても、2年目には相手から研究し尽くされ、1年目と同じような成績を残せないでいる。私は俗にいう「2年目のジンクス」を、相手の執拗なまでの研究と、己の慢心が招いた結果だと分析しているが、持って生まれたセンスだけで通用するほどプロの世界は甘くない。

そのことを理解していれば、たとえ**技術的な限界にぶつかっても、「このままじゃいけない」という危機意識と飽くなき探求心が芽生えてくる。**昔も今も、プロ野球の第一線で活躍している選手は、皆技術的な壁にぶつかってそれを乗り越えてきた。そのために必要なのは、「頭を使って創意工夫を積み重ねていく重要性」に気づいているからだ。

何度も言うが、技術の限界にぶつかったときには、「もうダメだ」と諦めるのではない。「ここからどうやったら壁を乗り越えられるか」を考える。そして、そのヒントや引き出しをいかに選手へ提示できるか。まさに指導者としての力量が試されるときなのだ。

得意なものだけでなく、苦手なものにも取り組ませるようにするのも指導者の務め

私は現役時代から人を観察するのが好きだった。これは捕手という仕事柄、相手の打者や投手のクセや傾向を見抜きたいという一心からそうさせたと言っても過言ではない。

もちろん自分が所属しているチームの選手に対しても、同様の目を向けていた。ただ、そんなときはクセを見抜くのではなく、「あの選手はこの点を鍛えたら素晴らしい選手になるのに」と長所と欠点に目を向けていた。

たしか西武時代のことだった。練習のスケジュールのなかにサーキット・トレーニングが組み込まれていたので、私も含めた全員の選手がそれをこなしていたのだが、ふとある若手投手のことに気がついた。彼はそのトレーニングにたっぷり時間をかけていたのだが、果たしてどれだけプラスになっているのか、私には疑問だった。

彼の背筋力やジャンプ力はたしかに素晴らしい。並み居る西武の選手のなかでも指折り

だった。ところが、その体力を肝心のピッチングには生かせない。つまりは体力ではなく、技術的な欠点があるのだ。下半身が使いこなせないため、スピードは出ないうえに、コントロールも良くない。彼が本当に取り組まなければならないのは、下半身をどううまく使えばうまくピッチングに生かせるのかについてだ。

ところが、ピッチングは自分の思うとおりにいかないので、やる気や根気が続かない。反対にサーキット・トレーニングは、他の選手たちがヘトヘトになっているのを尻目に、平然とした顔でやってのける。「アイツはすげえな」、誰もがその体力に驚いてくれることで優越感に浸る。それが楽しいのだろうか、彼はさらに時間をかけてやる。

私たちがサーキット・トレーニングをやっているのは、もっと体のキレを良くしよう、スイングのスピードを少しでも速くしたいという思いからだったが、彼は「自分が得意で、練習して楽しいからやっているだけ」に過ぎなかった。肝心のピッチングの欠点は補えず、何のためにサーキット・トレーニングをやっているのだろうと、私は疑問に思ったものだ。

結局、この投手は才能を開花させることなく、この翌年に球界を去ることとなった。

この手の失敗はよくある。**「長所を伸ばす」という、耳障りのいい言葉に惑わされて、**

指導する側もあるいはされる側も、ピント外れの方向に進んでしまう。「長所」とは、人がとやかく言わなくても、自分が意識せずとも自然にできてしまうものだ。けれども短所や弱点こそ、指導者が指摘し、本人が意識して矯正や強化に取り組まなければならない。

たとえば低めに強いが、高めに弱いという打者がいたとする。高めに弱点があれば、相手はそこを突いてくる。それゆえに高めを打てるようにならなければいけない。

この場合、体の動きやバットの軌道が低めを打つのに適しているのだろうから、高めを打つためには上から叩くスイングを心がけなければならない。苦手な高めのゾーンを克服すれば、低めに投げてくる確率が高くなる。つまり「欠点を強化することが、長所を生かすことにつながる」というわけだ。

もし長所を伸ばすことばかりに目を向けている選手がいたら、どうすれば欠点を解消していけるのか。そのことを指導者は選手に理解させてあげる必要はある。「長所は黙っていてもいくらでも伸びていく」が、「欠点は取り組まなければ、いつまで経っても欠点のまま」である。指導者はこの言葉を念頭に置いて選手を指導するべきだ。

第6章 「勝ちに不思議な勝ちあり」は必ず存在する

6

どんな「勝利」も分析することで未来が変わる

勝負とは、「勝つか、負けるか」なのか、それとも「勝つから強いのか、強いから勝つのか」――。現役生活27年、プレイングマネージャー時代も含む監督生活24年のなかで、結局のところ分からずじまいだった。

現役を終えた後、野球評論家となったときにさまざまな書物を読み漁った。また仕事で野球とはまったく縁のない、異分野の方々とお話をした。あらゆる角度から「勝負とは何か」を追求していくうちに、1つの結論に達した。

「勝ちに不思議の勝ちあり。負けに不思議の負けなし」

ある剣術書に書かれていた言葉である。ヤクルト、阪神、シダックス、楽天と監督を続けていくなかで、終わった試合を冷静に振り返る言葉となった。

勝ったときには謙虚な気持ちを忘れない。

負けたときには敗因を究明して、二度と同じ過ちを繰り返さないようにする。

監督は選手と違う視点を持っていなければならない。選手は「勝つためには自分は何をすればいいのか」を考える。だが、監督はそれだけではない。「負けないようにするためにはどうすればいいか」まで考えなくてはならない。

つまり、選手は「勝つことだけ考えればいい」が、「勝ちに不思議の勝ちあり」、自力ではなく他力の勝利を見極めなくてはならない。「負けないようにする」ためには、他力の勝利、言い換えれば偶然転がり込んできた勝利を「自分たちの実力」と過信してしまっては、大きな落とし穴が待っている。

たとえば1985年に21年ぶりのリーグ優勝、球団史上初の日本一に輝いた阪神である。この年の阪神のチーム打率は2割8分5厘、チーム本塁打数は219本と、他のチームを引き寄せないほど圧倒していた。

一方でチーム防御率は、「4・16」。つまり1試合平均で4点以上とられているにもかかわらず、それを上回る打力でペナントを制覇したのだ。果たして当時の阪神の首脳陣は、「これだけチーム防御率が悪かったのに、どうして日本一になれたのだろう?」と検証したのだろうか。

そう思わずにいられなかったのは、翌年の3位を最後に、長い低迷が続いたからである。2003年にリーグ優勝を果たすまでの17年の間で、Aクラス入りはわずかに2回。「ダメ虎」「最下位が定位置」などと揶揄されることもあった。それだけに85年に優勝したとき、徹底的に「なぜ勝てたのか」を検証していれば、その後の成績は大きく違っていたはずである。

負け試合を究明するのは当たり前だが、「勝ったとき」だって、調べることや考えなくてはならないことはいくつもある。

今の投手力のままでいいのか。

打撃陣が好調だからと言って死角はないのか。

当時の阪神で言えば、優勝はすれどもローテーションの中心になるエースクラスの投手を育て切れなかったし、4番を打っていた掛布雅之が負傷で戦線離脱をした途端に、チームの攻撃力は大きく低下した。これがすべてとは言えないが、答えの1つであるには違いない。

「勝ったなかでも反省する」、指導者がこのことを徹底できているチームは常勝になり得る可能性が高いことだけは間違いない。

模範がいることで「勝って当然のチーム」が誕生する

85年の阪神とは違い、V9時代の巨人は、「勝って当然のチーム」だった。

当時の巨人はたしかに強かった。V1、V2、V9の3度の日本シリーズで対戦したのは南海だったが、いずれも勝てなかった。とくに1973年の日本シリーズでは、私は監督として初めて巨人との対戦に臨んだが、1勝4敗とまったく歯が立たなかった。

この記録はとにかくすごい、の一言に尽きる。1980年代後半から90年代前半にかけて、西武の森祇晶《まさあき》が8度のリーグ優勝、6度の日本一に輝き、原辰徳が監督だったときの巨人が2回、V3を達成しているが、日本一には2度しかなっていない。それを考えると、川上哲治さんが監督のときに達成したこの記録は、未来永劫破られる日が来ないかもしれない。

V9を達成することができたのは、川上さんの指導力の賜物でもあるが、そうしたなかで長嶋茂雄と王貞治の存在を忘れてはならない。

2人は3番と4番に座って巨人打線を牽引しただけでなく、とにかくよく練習していた。多摩川のグラウンドでは陽が落ちても最後まで居残って汗を流していたというではないか。数々の打撃タイトルを獲っても、「もっとうまくなりたい」と思うその向上心たるや、当時の若手選手でなくとも見習いたいものだ。

そしてONが他人の何倍も努力していた点については、川上さんも感謝していたはずだ。若い選手が練習中に手を抜いたり、だらけていたりしようものなら、「お前たちもONを見習って練習しなさい」とだけ言えばいいのである。ましてや若い選手たちからしたら、ONは偉大な大先輩だ。2人が一生懸命練習しているのに、自分たちが手を抜くなんてとてもじゃないができないはずだ。

それに長嶋も王も、若い選手たちに「もっと練習したほうがいいぞ」と言ったなどという話は、一度も聞いたことがない。長嶋は監督になってから、江川卓や中畑清らを鍛えた、伝説となった伊東キャンプでぶっ倒れるまで練習をさせた逸話はあるが、現役時代は自分のことだけに必死だったはずで、人のことまでとやかくいう頭はなかったのだろう。だが、練習している姿勢から、若い選手たちに学び取らせたというのは大したものである。

もし南海にONのような存在の選手が2人もいたら、監督だった私は大いに助かっていただろう。戦力面がアップするのは言うまでもないが、それ以上に練習時からみんなの模範となるような取り組み方をしているのだから、「彼らを見習いなさい」と言えば、反論されることもなく、みんなが黙ってついてくることが容易に想像できるからだ。

長嶋や王のような存在のベテランがいたら、監督はラクだ。「彼らを見て学びなさい」と言えば、他の選手たちは納得してくれるだろうし、「あれだけ実績のある人が頑張っているんだから」と発奮する材料にだってなる。

偉大な実績を残した人材を模範とするべき姿勢は、どの世界においても変わりないが、「みんなの鑑になる人」がいたからこそ、V9時代の巨人は栄光の歴史を刻むことができたのである。

監督として「長嶋巨人」が怖くなかったワケ

私の現役時代、ライバルとして対峙したのは長嶋茂雄であり、王貞治だったが、監督としてとなると、ライバルという見方はしていなかった。

たしかに長嶋は第一次政権時代の伊東キャンプにおいて、中畑清、松本匡史、篠塚和典、山倉和博、西本聖《たかし》、江川卓、鹿取義隆、角盈男《すみみつお》ら、第二次政権時には松井秀喜をメジャーでも通用する選手に育てたが、それだけのことだ。

采配面では目を見張るものがなく、FA制度が確立された93年以降は、落合博満に始まり数多くの強打者や好投手を補強した。とくに94年のオフはFAで広島から川口和久、ヤクルトからは広澤、そして打線の中軸を担っていたジャック・ハウエル、バリバリのメジャーリーガーのシェーン・マックら、そうそうたるメンツを補強、さらに96年オフにはやはりFAで西武の清原和博、近鉄の4番を打っていた石井浩郎《ひろお》、ロッテの先発三本柱の一角を担っていたエリック・ヒルマンと、この年は30億円という途方もない大金を使って戦力補強した。

ＦＡ移籍できる選手、あるいは多額の契約金と年俸を手にすることができる選手というのは、天性の才能に恵まれた選手たちである。そうした選手たちに負けてしまうようでは、今まで私が選手たちに施してきた「無形の力」が無になってしまう。私はそう危惧していた。

この当時の巨人戦の前、ミーティングで各打者の対策を練っていたとき、ズラリと並んだメンバーを目の当たりにして、「コイツはすごいな……」「本当に勝てるのか?」と萎縮してしまっている選手たちが実際にいた。圧倒的な戦力を前にして、「やはり才能のある選手には勝てない」などと諦めてしまっては、私に対する信頼はなくなり、ひいては存在意義そのものまでなくなってしまうかもしれない。

もしも巨人が勝ってしまったら、他のチームもこぞって「巨人のやり方が正しい」と思うようになり、選手個々の力に頼っていた昭和30年代の精神野球に戻ってしまうのではないかと考えたって不思議な話ではない。だからこそ当時の長嶋巨人には絶対に勝ちたかったし、負けるわけにはいかなかった。

私が目指す野球は、情報を収集・分析し、周到にして入念な戦略と戦術を練り、適材適所を最大限に生かすことである。そうして南海時代は阪急を倒し、ヤクルトでも力を発揮してきた。95年、97年のシーズン前の野球評論家の順位予想は圧倒的に巨人が1位と推す声が大きかったが、**無形の力を最大限に利用した私の理詰めのＩＤ野球が、天性という有形の力に頼ることを良しとした長嶋の野球に勝った。**

反対に巨人は何度優勝できたかといえば、94年から長嶋が監督を退任した2001年までの8年間でリーグ優勝3回、日本一2回である。巨人との対戦成績も95年が17勝、97年が19勝とヤクルトが圧倒できたのは、90年の春季キャンプから私がじっくりと教えてきた人生論や戦術論について、選手が理解し、実践してきた結果の賜物だと思っている。

そしてこのときの勝利で長年にわたる私が抱いていた巨人に対するコンプレックスは払しょくされ、選手ではなく監督として長嶋に勝つことができたのだ。

あまりにも正統派すぎた王の野球

一方の王も、指揮官として怖さは感じなかった。まっすぐでオーソドックス、相手の嫌がるようなことは一切してこないし、奇襲もなかった。だからこそ非常に戦いやすかった。

２００８年、夏場までパ・リーグの首位でいながら、終盤に息切れして最下位に終わってしまったシーズンなどがその典型で、多くの主力選手がケガで戦線離脱するというアクシデントに見舞われたことも相重なって、9月と10月は27試合を戦って21敗するという大失速をした。このことに責任を感じた王は、辞任を決意し、最終戦はKスタ宮城で私が率いた楽天との試合。延長12回を戦って楽天がサヨナラ勝ちし、王は最後に負けてユニフォームを脱ぐことになる。王自身、内心は忸怩《じくじ》たる思いだったに違いない。

王で思い出されるのは長嶋と同様に、自軍の選手がホームランを打つと選手と一緒になって喜ぶ姿だった。彼も選手と一緒になって喜ぶことが、一緒に戦っていくもののあるべき姿勢だと考えていたフシがあるが、それは大きな間違いだ。指揮官たるもの、選手と同じ目線で一喜一憂するよりも、冷静に次の策を練っているほうが大切なのである。

そういえば現ソフトバンク監督である工藤は、王の下で5年、長嶋の下で2年間プレーしていた。喜怒哀楽の激しい彼の姿は、長嶋と王の影響を受けているのかもしれない。そう考えると合点がいく。

ただ、王には大きな功績がある。それは人材の育成だ。WBCの日本代表監督を務めた小久保や松中信彦が独り立ちできたのは、王の功績が大きいし、後継者としてFAで西武から移籍し、そのままダイエー時代に引退していた秋山幸二を二軍監督から指導させていたことも重要だった。

何より**王の最大の魅力は、「この人のために勝ちたい」と選手全員に思わせたことだ。**

2006年に王が病気でシーズン途中に休養した際、松中を筆頭とした選手たちが口々に「優勝して王監督を胴上げしたい」と話していたし、ダイエー、そしてソフトバンクになってからも球団の上層部からも慕われていた。

それに第1回WBC(ワールド・ベースボール・クラシック)は、王の存在なくして日本の優勝はあり得なかっただろう。

「王さんを世界一の監督にしたい」、王を敬愛するイチローを筆頭に、日本を代表する選手全員がそう思っていた。だからこそ、第二ラウンドでアメリカにサヨナラ負けを食らって予選敗退を覚悟したなかでも、再び強い気持ちを持ってプレーし、決勝のキューバも打ち負かせることができたのだと思う。

王の持つ人徳が、球史に残る名選手を育てた。このことはまぎれもない事実である。

巨人の小林に見る、正捕手になるために必要なスキルとは

多くの巨人ファンは今、こんなことを考えているのではないだろうか。

「巨人の首脳陣は、いったい誰を正捕手に据える気なんだろうか」――。

2018年の開幕時の正捕手は小林誠司だった。それがシーズンが進んでいくと、大城卓三、宇佐見真吾を併用していくことが多くなった。2019シーズンはここに加えて、FAで西武から炭谷銀仁朗を獲得し、阿部慎之助も捕手に戻ってプレーすることになった。5人もレギュラー候補がいては、「いったい誰を……」という気になってしまうのも仕方のないことだ。

なかでも小林は2016年、17年と2年連続して巨人の正捕手として試合に出場した。その魅力は、二塁まで矢のような送球が投げられる肩の強さ。盗塁阻止率は12球団でナンバーワンとなり、総合力を含め投手陣の信頼を得たかのように思えた。

しかし、首脳陣は小林を正捕手としてまだまだ信頼していなかった。「彼には正直、まだまだ不満がある」と高橋由伸前監督ですら、そう語っていた。

なぜ小林は首脳陣から信頼されていないのか。それは彼のリード面の問題が挙げられる。小林はエースの菅野智之とベストバッテリー賞を獲ったこともあったし、WBCでも侍ジャパンの投手陣を牽引する活躍を見せた。これだけ聞けば、「巨人の正捕手は小林でいいじゃないか」と思えてくる。

菅野が投げて、小林がリードすれば、相手打線を抑えられる——。巨人ファンはそのように考えているようだが、小林は菅野と息の合ったコンビになることが重要なのではない。菅野より1段も2段も下の投手の力を最大限引き出してあげることのほうが大切だし、巨人の首脳陣も彼にはそれを求めているのだ。

たしかに菅野は球威、コントロール、スタミナ、メンタルと、あらゆる面において、非の打ちどころがない、素晴らしい技量とタフさを持ち合わせている。相手打者が菅野のストレートを狙っていても、それを上回る威力があるため、容易に打ち返せない。それゆえに自責点が少なく、防御率も安定している。

ということは、**菅野とバッテリーを組んでいるときの小林は、「彼のリードが素晴らし**

いから相手打線を抑えている」のではなく、**「菅野の球威やボールのキレが、打者の想像をはるかに上回っているから抑えられている」**とも考えられる。

そこで、WBCで小林が活躍できた理由をひも解くと、則本昂大《たかひろ》（楽天）や千賀滉大（ソフトバンク）、石川歩（ロッテ）ら、各チームのエース級の投手が揃っていたことが大きい。つまり、「小林のリードがいいから抑えた」のではなく、「投手の能力や出来が素晴らしいからこそ、抑えることができた」というわけだ。

エースと本音の会話をどれだけできるかも重要

巨人は２０１７年のシーズン、11年ぶりにＢクラスに転落した。

「小林はＷＢＣで素晴らしいリードをしたのだから、巨人でも同じくらいの活躍をするんじゃないか」――。

そう期待した人も多かっただろうが、勝負どころの終盤で負けてしまった。その要因はいくつか挙げられるが、どうしても「小林のリード面の問題」に目がいってしまう。

そのことを象徴する出来事として、こんなことがあった。

マツダスタジアムでの広島戦で、菅野が先発したときのこと。小林は菅野に変化球を要求したにもかかわらず、菅野が首を振った。そこで小林はストレートにサインを変えたのだが、これを相手打者に痛打され、そこから菅野は崩れて試合も負けた。

たとえエースがマウンドにいても、自分が出したサインを安易に変えてはいけない。

「オレの言うとおりに投げてこい！」

その信念が小林には足りない。こうした失敗を機に、ワンランク上の捕手へと成長してくれればいいのだが、その痕跡が見られない。だからこそ、高橋監督（当時）を筆頭に巨人の首脳陣は小林に不満を抱いているのだ。

実際、小林のリードを見ていると、経験の浅い若い投手のときには、とにかく無難に乗り切ろうとするきらいがある。これも「打たれたくない」という思いからくるのであろう。それを証明するかのように、小林のリードは外角一辺倒になったり、変化球を３球も４球も続けて投げさせている。

本当ならば、もっと打者の内角を突くような配球をしたり、場合によってはど真ん中にミットを構えるくらいの大胆さがあったっていいのだ。打者にしてみれば、ど真ん中にボールがきたら、「えっ、どうしてこんな甘いボールを投げさせるんだ?」と困惑して、次の配球が読みにくくなる、なんていう効果も実際にある。

それに大胆に攻めて打たれたのであれば、投手の立場からしたら「自分の能力がまだまだ未熟だった」と反省することだって大いにあるものだ。打たれた投手が率先して、自分の能力を引き上げるために球威をさらに増すための努力をしたり、あるいはコントロールを良くするための練習を積み重ねていく。**打たれたときに反省し、技術向上に努めるのは捕手だけではない。投手だって同じなのだ。**

残念ながら小林はそこまでの考えにはまだ思いいたっていない。そして繰り返すが、首脳陣から正捕手としての信頼をされていない。それは事実としてある。

投手のリードについてもっと学んで、相手打者を困惑させるような配球ができるようでないと、正捕手として活躍できるのは厳しいのではないか——。私はそう見ている。

監督は試合中に喜怒哀楽を出すものではない

2018年シーズンの日本シリーズ優勝チームはソフトバンクだった。だが、ペナントレースは西武に次ぐ2位。シーズン前は優勝候補の大本命に挙げられながら、まさかの大失速をした。誰もがソフトバンクがペナントを逃すとは考えられなかったはずだ。

だが、ソフトバンクがシーズン途中で低迷した原因はハッキリしている。1つはチーム全体の油断、もう1つは監督である工藤公康の采配とベンチ内での振舞いに尽きる。

まず昨季のリーグMVPに輝いたデニス・サファテが、股関節のケガを理由に早々と戦線離脱した。彼は昨年の契約更改で、3年総額20億円の複数年契約を結んだばかりだ。以前から指摘しているが、大型契約を勝ち取った選手は、そのほとんどが契約の最終年しか活躍していない。サファテも例外ではなく、この法則にあてはまってしまうのかもしれない。

話はこれだけでは終わらない。昨季のソフトバンクはあまりにもケガ人が多すぎた。和田毅、五十嵐亮太、岩嵜翔、ロベルト・スアレス、内川聖一、今宮健太、東浜巨《なお》と、投手、野手と関係なく故障者が続出した。これも「優勝候補の大本命」と解説者からお墨付きをもらったこと、17年シーズンに大勝ちしたことによる油断があったとしか思えない。

そしてもう1つの原因は工藤にある。彼はベンチ内での喜怒哀楽が激しい。チーム内の誰かがホームランを打ったり、勝利が決まった瞬間は大喜びで選手を出迎える一方、自軍の投手が打たれたり、あるいは負けが決まると、とたんに険しい顔つきになる。こうなると選手も知らず知らずのうちにベンチ内を見て野球をすることになるし、ときにはプレッシャーに感じることだってある。

監督は感情を表に出さないほうがいい。それだけは間違いない。**選手と一緒になって喜んだりはしゃいだりすることは、監督には必要ではない。**たとえ試合の終盤になって味方の選手がホームランを打って逆転しても、次のイニングはどんな投手起用をすべきか頭を悩ませるからだ。

監督がベンチ内で笑顔を浮かべてしまうと、「ああ、良かった」という安心感が監督の心のうちに自然と生まれてしまう。それが選手にも伝染していくのだ。

半年にも及ぶ長丁場のペナントレースは、監督の采配を必要としないくらい、好調な時期というのは、わずかでしかない。それよりも監督が知恵を絞り、チームの状態に応じて選手起用や作戦を練らなければならない。

けれども工藤の采配は「とにかく動く」。それで墓穴を掘ることが多い。とくに彼は投手出身であるにもかかわらず、投手を信用していないのか、コロコロ、コロコロよく代える。そのことによって投手陣が疲弊してしまったことは大いに考えられる。

工藤がソフトバンクの監督に就任してから、リーグ優勝2回、日本一3回経験している。それでは工藤は名将となり得るのかと聞かれれば、迷わずノーと答える。なぜなら優れているのは彼ではなく、ソフトバンク球団のマネジメント能力にあるからだ。

そのすごさを垣間見るのは、ソフトバンクが毎年、宮崎市内で行う春季キャンプにある。よその球団、たとえばロッテの場合は「一軍は石垣島、二軍は鹿児島」というように、別々の場所でキャンプを張るものだが、ソフトバンクは違う。一軍、二軍、三軍の全選手が、同じ運動公園内でキャンプを行うのだ。つまり、主力選手だけでなく、若手の有望な選手や新人選手まで、すべての選手が見られるというわけだ。

このことはファンにとってはありがたいかもしれないが、それ以上にメリットがあるのは、ソフトバンクの球団関係者全員である。一軍のグラウンドには主力選手がいる。そこで二軍の選手が紅白戦で活躍しようものなら、その情報はすぐに一軍のグラウンドに届く。そのことで「ひょっとしたら、ここにいる誰かが二軍に落ちるかもしれない」と選手たちの間で緊張感が走るわけだ。激しい生存競争を勝ち抜いた選手を一軍の監督である工藤は引っ張っていくだけでよい。

けれどもせっかく育成しても、選手の起用法にムチャが生じるようなことがあれば、選手のコンディションにジワジワと影響してくる。それがこれだけのケガ人の多さにつながっているのだろう。

12球団一の戦力を誇っているはずのソフトバンクだけに、工藤監督の手綱の引き方には問題があったと私は見ている。

ミスをどう反省し、生かすかはリーダー次第

1565勝1563敗──。この数字は私の監督としての通算勝敗数である。

私は勝ったときの喜び以上に、負けたことの悔しさのほうが大きかった。そのことをバネにして、次にどう生かすべきか、あれこれ考えながらやってきた。60を過ぎても、70を過ぎても、「私自身が成長していかなくてはならない」という気持ちを忘れたことは一度もない。

「組織はリーダーの力量以上に伸びない」、これは組織論の原則であり、私自身が常に言い聞かせてきたことだった。

組織を伸ばそうとすれば、リーダー自らが成長していくしかない。感じる力を磨き、それをもとに考え、捕手として培った「観察力」「分析力」「洞察力」「記憶力」「判断力」の向上に励まなければならない。ましてやプロの監督ともなれば、選手以上に厳しく律し、

どんなときにおいても進歩しよう、向上しようという姿勢を見せなければならない。

一番リーダーがやってはならないことは、失敗したときに言い訳をしたり、その責任を選手や部下に押しつけて平気な顔をしてしまうことだ。こんな振舞いをすれば、誰も「この人についていこう」とは考えなくなる。

だが、現実は悲しいかな、こうしたリーダーが多いと聞く。自分自身を甘やかしているリーダーの下では、部下はリーダーと同じ性質の人間になっていくか、「この人についていっても、時間を浪費するだけだ」とあきらめ、去っていくかのどちらかしかない。

そこで私は、「監督たるもの、すべてにおいて選手に負けてはいけない」と、一切の満足や妥協、限定を排除し、新しい情報や知識の吸収に努めた。春季キャンプ中のミーティングは随所に新たに気づいたこと、考えたこと、仕入れたことを織り込み、バージョンアップをしていた。そうした姿勢は50代で就任したヤクルト時代、60代のときの阪神時代、70代のときの楽天時代と変わらず行っていた。

さらに自分の采配の過ちについては、素直にみんなに詫びていた。野球の試合は7回以降の終盤に大きく局面が変わることが多い。とくに1点を争う接戦の場合、選手起用や戦術面の全責任は監督が背負わなくてはならない。なぜならその決断のすべてを、監督がしなければならないからだ。

その結果、負けてしまったときには、

「オレの采配ミスだった。ヘボな采配をしたおかげでみんなに迷惑をかけた」

試合後のコーチ会議の場ではもちろんのこと、試合後のメディアでのインタビューの場で素直に詫びた。メディアのインタビューは夜のスポーツニュースや翌朝のスポーツ紙で取り上げられるため、選手たちも私の言動を見ることになる。

コーチや選手たちに対して厳しく接している以上、自分自身の失敗を棚に上げることはあってはならないことだ。**失敗を認め、その原因を突き止めて反省し、次につなげることの大切さは、選手も監督も同じであることに変わりはない。**それがリーダーの力量を伸ばし、組織を成長させることにつながる。

野球に限らずどんな仕事においても、人間が行う以上、ミスは必ず起きる。若い人であれ、経験豊富なベテランであれ、はたまた組織を束ねるトップでさえ、間違えることが誰にでもあるのは、ある意味仕方のないことかもしれない。だが、失敗から学び、どう次につなげていくか。敗者になることを恐れずに、そこから学ぶという姿勢を、リーダーたる指導者は忘れてはならない。

第7章 組織で生かすために必要な個の力

7

その道を極めた者は独特の感性を持っている

野球界では頂点を極めた選手というのは当然いるが、自ら身につけた技について語るとき、独特の言い回しをしているのも特徴の1つと言えよう。

野球界以外、とりわけ他の分野においても、頂点を極めた人の言葉というのは実に興味深い。たとえば劇作家のシェイクスピアは、「慢心は人間の最大の敵だ」、哲学者のニーチェだと、「あなたが出会う最悪の敵は、いつもあなた自身であるだろう」、そして経営の神様と言われた松下幸之助にいたっては、「志低ければ、怠惰に流れる」。

どれも野球の取り組み方に結びつけられるが、実に含蓄《がんちく》がある言葉だと感心させられる。

阪急のリードオフマンとして昭和40～60年代に活躍した福本豊は、日本のプロ野球史上歴代1位となる1065盗塁をマークした。彼に会ったとき、「盗塁とはなんだろう?」と禅問答のような質問をぶつけたことがある。

そのとき返ってきた答えが、
「ノムさん、それは眼ですよ」
思わず面食らってしまった。私は福本の口から、「次の塁へ進もうとする勇気ですよ」とか、「スタートが肝心なんです」といった、ありきたりの答えが出てくるんだろうなと、高を括っていた。だが、福本の口から、「眼ですよ、眼」といわれたとき、脳天をガンと叩かれたような、強いショックを受けた。

福本の言う「眼」とは、言うまでもなく「投手を見る眼」のことだ。投手はセットポジションに入ったとき、打者に投球するか、塁上の走者に対して牽制を投げるか、100％の確率で決めている。そのため、投球モーションと、牽制球を投げるモーションには、おのずと違いが出てくるのは仕方のないことだ。福本はそれを見破る眼力こそ、盗塁の秘訣だと胸を張って主張していた。

彼も盗塁王を獲り始めた頃は、「ええい、行ってやれ」と思い切りの良さだけでスタートを切って、脚力にものをいわせて成功させていた時代があった。しかし、それを5年、6年と積み重ねているうちに、盗塁の基本が「投手のクセを見破ることである」と気がついたのだろう。

盗塁を決めるのに投手の細かいクセを盗むなんて、当時のプロ野球はまだ誰も発見していなかった。大方の選手が、盗塁王を獲り始めた福本のように、勘と思い切りの良さを生かすに過ぎなかった。

福本は「走る」という分野を通じて、自分を磨いていった。まさにその道の名人の域に達しているといえよう。指導者はそうした人材を発掘し、生かすことで組織はより強固なものになっていくのだ。

脇役を生かしてこそ「勝てるチーム」が作れる

主役と脇役がいて、組織が成り立つ――強いチームの共通点である。

野球というスポーツは不思議なもので、1番から9番まで4番打者をズラリと揃えたからと言って、必ずしも勝てるわけではない。むしろ機能しなくなることが多くなるのだ。

今から20年前の巨人の野球は、まさにその典型だった。4番とは言わないまでも、1番から8番まで、クリーンナップを打てる打者が並んだ。なんといっても、2000本安打を放ち、「巨人軍史上最高の捕手」の呼び声が高い阿部慎之助が8番を打っていたのだから、想像するに難くない。

だが、FA制度が施行された93年以降の10年間、巨人はリーグ優勝4回、日本一3回に輝いたものの、連覇は一度もしていない。とくに鳴り物入りで巨人に移籍した清原和博が移籍しても、巨人は3年間優勝できなかった。

こうなった原因ははっきりしている。それは「名脇役が少なすぎた」からだ。

たとえば2番という打順に注目する。2番の役割と言えば、おおよそ次のような事柄が挙げられる。

①投手に球数を多く投げさせる。

②出塁率を上げる。

③犠打を確実に成功させる。

④走者との綿密な連携に努める。

⑤ホームランは必要ない。ホームラン1本打つよりも、ヒットを10本打つほうが価値がある。

ざっと挙げたが、①から⑤までの事柄は、どう考えても4番打者には求めないことばかりだ。つまり、2番にはクリーンナップまでの「つなぎ」の役割が求められる。状況に応じた打撃と小技、高い出塁率。これができてこそ2番なのだ。

巨人も藤田元司《もとし》が二度目の監督に就任したときに、2番に川相昌弘を置き、セオリー通りの野球をしていた。だが、FA制度が発足して以降は、長嶋茂雄がその禁を破った。「攻撃的2番」ということで、打撃の期待できる打者を2番に置いて、得点力アップを狙ったのだ。

今やメジャーリーグでも2番に強打者を置くチームが圧倒的に多いが、当時巨人の打線ではそれが有効に機能しなかった。たしかにハマったときには巨大な爆発力を生み出すが、1点を争う接戦にもつれると、相手に逃げ切られてしまうという試合が目立ったように思える。名脇役が機能しなければ、チーム一丸となれないのだ。

ヤクルト時代、脇役に徹したのは宮本慎也だった。彼の打撃は非力で、とてもじゃないが長打を期待できるような打者ではなかった。だが、守備力と野球に対する意識の高さは、目を見張るものがあった。

そこで私は、打撃には目をつぶり、8番で起用している間に宮本本人にこう言った。

「将来、お前は2番で起用するから、そのつもりで技術を磨け。脇役に徹しなさい」

自分が果たすべき役割を認識させ、目指すべき方向性を明確にした。脇役の選手のモチベーションを維持するには、まさにここにポイントがある。

その後、宮本がヤクルトだけでなく、日本代表でも主将として欠かせぬ選手になれたのは、己の「脇役」としての役割を深く認識し、徹したからと言って過言ではない。**主役と脇役をいかに打線に配置できるか、その見極める眼を指導者がいかに持てるかが重要だ。**

天才型の選手は「感性をくすぐってあげる」ことが大切

天才型の選手をどう扱うべきか――。こうしたタイプの選手を生かすか、殺すかで、チームの命運を左右することは、往々にしてよくあることだ。

私がよく挙げる天才型の選手というのは、来た球を何も考えずに打ち返す、あるいは何も考えずに速い球が投げられるといった「何も考えずに」平然とやってのける選手を指す。この手のタイプは、感性が非常に発達しているのが特徴だ。

だが、こうした選手の指導は難しい。

少しでも意見しようものなら、「いいえ、私は間違っていないと思います」と自分の考え方を曲げようとしない。天才肌の人間というのは、野球界に限らず、総じてこのようなタイプが多いはずだ。

けれども、天才タイプの選手をチームに生かさない手はない。阪神の監督時代、もっとも目をつけていたのが新庄剛志だった。

彼は典型的な「感性だけで野球をするタイプ」だった。打席で投手と相対するのを見て、考えて野球をやっているとは到底思えなかったし、打撃成績を見れば一目瞭然で、毎年の打率は2割台前半、本塁打は20本を超える年もあれば、1ケタ台の年もあるといったように、安定した成績を残せずにいた。

一方で身体能力が抜群だった。外野守備はベンチからも安心して見ていられたし、打撃でもハマったときにはとてつもない当たりを外野のスタンドまでかっ飛ばす。どうしたらこの能力を試合で最大限に発揮させてやることができるのか、本気で考え、悩んでいた時期もあったものだ。

そこで春季キャンプで取り組ませたのが、投手の練習だった。新庄にごく当たり前のように「野球選手は足腰の強さが大事なんだから、下半身をもっと鍛えなさい」と言っても、「太もものあたりが太くなって、今履いているジーパンが似合わなくなるから嫌です」とこともなげに言ってのけるような、誰にも理解しがたい宇宙人的思考がある。私の想像をはるかに超える彼の発想には、「お前さんは野球を本職としているんじゃないのか!?」と思わずひっくり返りそうになったのを、今でもはっきりと覚えている。

まともに言って通じないのであれば、やり方を変えなければいけない。このとき私はあらためて考えてみた。

どうすれば彼に私の意図していることが理解してもらえるだろうか——。

そこで思いついたのが、「投手をやらせてみること」だった。

実際に効果はてきめんだったようで、「今までのキャンプと違って楽しい」と報道陣に答えては、率先してブルペンに入って投球練習をしていたし、その後数日たってから、新庄のほうが私に歩み寄ってきて、こう切りだした。

「投手をやってみて気づいたことなんですけど、ストライクをとるのって、意外と難しいですよね」

よし、そうきたか！　私は待っていたとばかりに、

「そうだ難しい。だからお前さんが打席に立っているとき、相手の投手もそう思っているんだぞ」

と新庄に対して自然と相手投手の心理状態を説明することができた。彼も私の話をうんうんとうなずきながら真剣に耳を傾け、そして納得してくれた。このとき初めて、「自分も苦しいが、相手はもっと苦しいんだ」ということを、新庄は論理的に理解できたわけだ。

かくいう私自身、新庄を「投手として起用する」とマスコミの前で発表したときに、

「打つほうがおろそかになる」

「野村監督は血迷ったのか」

「そんな簡単に投手などできるはずがない」

などと、批判の意見が噴出した。だが、私は投手をやらせるのが第一の目的ではなく、その先にある彼の心と頭のなかの成長を期待していた。

当時の新庄は20代後半でこれからプロ野球選手として脂の乗っていく時期だったこともあり、もうワンランクもツーランクも上のレベルで野球をやってもらわなくては困る。本気でそう考えていた。

その結果、新庄は私が阪神の監督に就任した2年目に、打率2割7分8厘、28本塁打、85打点と、キャリアハイの成績を残してくれた。そしてこの数字は、彼が引退した2006年まで更新されることがなかった。ほんのわずかなことかもしれないが、投手心理を理解できたことで、新庄自身、打撃に対する考え方が変わったことが、このような結果に結びついてくれたのだと思う。

天才肌の人間というのは、新庄に限らず、どんな分野においても指導するのは難しいこ

とだろう。それに加えて、大きな実績を残していたりすると、プライドを傷つけるようなことはなかなか言えないものだ。

けれどもそうした天才であっても、欠点は必ずあるものだが、直すのには単刀直入に言うのでは効果がない。

「お前はこんな才能もあるんじゃないか」とプライドをくすぐるほうが、言われた当人のモチベーションが上がり、ヒントになる何かを発見させることにもつながる。このことを、新庄との一連のやりとりのなかで大いに学んだ。天才型の選手を操縦するための方法の1つとして、指導者はこのことをぜひ知っておいてもらいたい。

「ユーモア」も劣勢のときには必要だ

ベンチのなかを明るい雰囲気にする。これはとても大切なことだ。

試合では劣勢に回る場面は幾度となくある。そんな状況に陥ったとき、誰も声を出せないようなムードにしてはいけないし、そうかと言って、単に声を出せばいいものではない。

そこで大切なのが、「ユーモア」と「ヤジ」である。まずは「ユーモア」からお話ししていきたい。

野球に限った話ではなく、日本のスポーツ界では大事なときや緊張しているときに笑うのは、不真面目であるという評価を下してしまう。もちろん笑いながら打つ、投げる、走ることなどできない。

だが、自分のチームが形勢不利なときや、接戦で苦しんでいるときに、ユーモアあふれたヤジを飛ばすと、味方の選手たちをリラックスさせ、勇気づけてくれる。それが劣勢を跳ね返す活力になることだってある。

ここまで私が力説するのは、南海での監督兼現役時代、「ユーモアの重要さ」を思い知らされたことがあるからだ。

対戦相手は忘れてしまったが、その試合は相手投手の出来が素晴らしく、走者が出たのは二度のフォアボールだけ。6回までノーヒットに抑えられていた。だが、7回にデッドボール、フォアボールで一死一、二塁という場面で私にチャンスが回ってきた。

しかし結果は凡退。ホゾをかむ思いでベンチに引き上げてくると、誰1人として声が出ていない。

そんなとき、屈託ない声が、ベンチの中から勢いよく飛んできた。

「監督でもやっぱり打てないんだね。こりゃダメだね」

なんだ？　と思い、声の主を確認すると、大塚徹という、控えの外野手である。チームのムードを明るくする天才で、それだけでも一軍のベンチにはなくてはならない存在だった。彼は続けて、

「監督みたいな高給取りが打てないんじゃ、オレたちじゃあ無理だ。みんな気楽に打席に立ちなよ。打てなくて当然、打ったら監督賞出るんでしょう？　ねえ監督？」

ベンチの1人が「ハハハ」と笑うと、あとはもう大爆笑。私も思わず口元が緩んでしまった。大塚はさらにもうひと声出す。

「さあ行ってみよう。相手だってまだまだ勝ったつもりはないさ」

こんな劣勢でもベンチが活気づくと、ムードが大きく変わる。事実、この直後、私の次を打つ打者が三遊間へ抜けるチーム初ヒットを放つと、続く打者が左中間へ走者一掃のツーベースを放ったのだ。まさに「ユーモアは勇気を与えてくれる」典型である。

この逆もある。味方がリードしているにもかかわらず、相手のベンチが活気づくこともある。そうしたとき、マスクをかぶっていても、なんとなく落ち着かない。「いつか逆転されるんじゃないか」、そう感じることもある。

こう感じているのは私だけではない。内外野を守っている選手、ベンチにいる選手たちに聞くと、みんな私と同じように「イヤな予感」を感じたという。そうなると浮足立って、思わぬエラーが出てしまい、相手の思うツボなのだ。

試合には緊張感も大事だが、同じくらいの確率でユーモアは大切だと思っている。選手たちが目を吊り上げてプレーしているだけでは、うまくいくものもいかなくなる。「ユーモアの効用」について、本書を読んでいる指導者もぜひ知っておいてほしい。

「ヤジの良し悪し」で強いチームかどうかを見極める

前の項ではユーモアの効用についてお話ししたが、ここでは「ヤジ」の良し悪しについて語っていく。

試合中、相手からのヤジが飛んでくる。ここまではよくある光景だ。だが、ヤジにも「レベル」があることをご存じだろうか。

たとえば相手を罵倒するようなヤジ。

「ピッチャーびびってる」

「サード、エラーするぞ」

この類のヤジは、少年野球ならばよくあるものだ。ただし、以前はプロのレベルでもこの程度のヤジを飛ばす者が対戦相手にいた。知的レベルを疑うようで、実に困った話ではあるが——。

強いチームの場合だと、大きな声を出すのは、味方の選手を励ますときくらい。むしろ相手チームを洞察したうえで、ベンチ内で会話をするものだ。

「あのピッチャー、さっきまでは変化球主体のピッチングだったけど、この回は妙にまっすぐで押してきていないか?」

「そう言われると……。そうか、この回からキャッチャーが変わったよな?」

「このキャッチャーはグイグイ押してくる傾向があるから、さっきまでと同じ配球をイメージしていたら、相手の思うツボだぞ」

「そうか。だったらこれから打つバッター連中にそのことを伝えておこう」

こうした会話ができると言うことは、試合にそれだけ集中できている証拠である。そのうえで、

「バッター、初球から狙っていけよ」

「必ずいい球くるぞ!」

などと、前向きな言葉が飛んでいくものだ。仮に試合に出場していない選手であったとしても、相手チームのことをつぶさに見ていれば、「試合に参加している」という意識が高くなる。そのため試合途中で出場しても、すんなり入っていける。

あるとき、控えの選手が私にこう言ってきたことがある。

「ベンチに座っていて、ラクをしていると思われたら困ります。あそこは休憩するところじゃないんですよ。相手をより深く研究する場所なんです」

たしかに一理ある。**ベンチはお客さんと一緒に野球を見るところではない。勝負に勝つために「相手を研究し、知恵を絞る場所」なのだ。**また、こうした考えを持っている選手というのは、「いい場面がどこかでやってきたら、この選手を使ってみよう」と現場の指揮官は思うものだ。

つまり、「相手をけなすだけのヤジ」は、試合に集中できていなくても誰にでも言える。そうしたチームは、得てして相手チームに対する分析不足なことが多い。それゆえに試合をしていて「怖さ」をまったく感じないのだ。

このようにヤジ1つで相手チームの力量はわかってくる。つまり、「ヤジ」にも品格はあるということだ。

相手をけなすようなヤジは愚の骨頂だが、相手を分析しているチームからは、そうしたヤジは出にくい。選手が試合に集中しているかどうかは、こうした些細な点からも見てとれるのである。

代打の成功率を上げるための思考法

試合の終盤、苦しくなったら代打を出して、事態の打開を図る。これはよくあることだ。だが、代打で打席に立つ打者の心境というのは、「なんとしても期待に応えなければ」と威勢はいいが、それが気負いとなって空回りしてしまうなんてことも珍しくない。

代打は1打席の勝負だ。「ここで期待に応えてほしい」と現場の首脳陣が願う気持ちも分からなくはないが、それが起用された選手にも伝わってしまうと、凡打になってしまい、結果、成功する確率はグンと落ちてしまう。

それでは代打に立つ打者というのは、どういった心境で打席に立てばいいのか。実は南海時代、「代打のスペシャリスト」にそのことを聞いたことがある。

1970年から4年間、青野修三という選手がいた。東映（現日本ハム）から移籍してきた内野手だったが、南海に来てからはもっぱら代打専門だった。

だが、この成功率が素晴らしいほど高い。71年42試合に出場して出塁率3割1分8厘、2本塁打、16打点。72年は50試合で出塁率が3割8分8厘。73年が52試合で出塁率3割8厘と、高確率で出塁してチャンスメークをしたのだ。

彼の姿を見ていると、どんな場面でも気負わない。平然と打席に入り、ヒットを打ってもうれしそうな表情をすることなく、凡打しても悔しがるそぶりを見せない。淡々とした表情でベンチに戻ってくる——。そんな具合だった。

彼の姿を見ていて私は、「どんな心境で打席に入っているんだろう？　緊張したりしないのかな？」と不思議に思っていた。

そこであるとき、青野本人に私の疑問をぶつけてみた。すると青野はこう返してきた。

「監督が僕を代打に指名しますよね？　その時点で割り切っているんです。大勢いる控えの選手のなかから、僕を選んだのだから、何か理由があるはずなんじゃないですか」

「そうだな。たしかにそれなりに根拠はあるわな」

「それならば選んだ監督の責任にあるんです」

「打っても、打てなくても、か」

「そうです。結果は終わってみないと分からない。もし打てなかったら、僕を起用した監督に責任があるんですよ」

「もし結果が良かったらどうするんだ?」

「もちろん使った監督が良かったんですよ。ものの見事に予測が当たったわけですからね」

このやりとりを読んで、「そんな無責任な選手に、代打を任せていいのか?」と思われる人もいるかもしれない。だが、違うのだ。青野は「結果は監督の責任」と考えることで、「ここで打たなきゃ」「期待に応えなきゃ」という意識を捨てていたのである。

何度も言うが、代打に出るときは、チームが追い込まれて苦しい場面である。そんなときに結果を考えているようでは、肝心の打撃に集中できない。**自分自身を客観的な立場に置き換えることで、1球に集中する力を蓄えていくのがベストなのである。**

つまり、代打に送る選手に対しては、

「結果は考えるな。責任はオレが全部持つから、思い切っていけ」

と指導者が背中を押してあげるような言葉をかけるのが一番いい。「頼む! ここで打ってくれ」などと、余計なプレッシャーを背負わせてしまうと、結果は悪いほうに転がりがちだ。

代打に指名された選手というのは、「いい結果を出そう」と考えるフシがある。そうした欲や邪念を捨てさせることで、事態は好転していくものだということを、私は青野の言葉から学んだ気がした。

「タイブレーク制度」についてモノ申す

これからの野球は、私たちが現役を送っていた時代とは大きくかけ離れたものが増えてくるに違いない。その1つが高校野球における、延長13回からの「タイブレーク制度」である。

正直言って、私個人はこの制度には大反対である。いきなり無死一、二塁のシチュエーションとなって攻撃が開始される。子どもたちの体力の消耗度を考えて、「そのイニングの間で得点が入って決着しやすいように」という発想から生み出されたアイデアかもしれないが、野球本来の「攻撃の形を作り上げてから得点する」という醍醐味が失われてしまうような気がしてならない。

たしかに小中学生の体の出来上がっていない子たちに対しては、有効かもしれない。だが、高校生の段階になってこの制度で野球をやること自体、間違っている。「決着がつくまでやればいいじゃないか」というのが本音だ。

それでは高校野球の現場ではタイブレークに備えての練習を行っているのだろうか？

２０１８年の夏の甲子園の１００回大会で２試合、タイブレークになった試合があったが、このうち３校は「タイブレークに備えての練習はしていなかった」というではないか。

「日頃からタイブレークに備えての練習を行うのであれば、試合と同じ走者、同じ打者、同じ打順で始めなければならない。そこまで想定するのは難しい」

このように現場の指導者たちは話しているというが、これはもっともなことである。

たとえばタイブレークのイニングになって、下位の打者が先頭となった場合、送りバントもあれば、ヒットエンドランだって考えられるだろう。だが、中軸を打つ打者が先頭になった場合は、送りバントよりは強行策のほうが得点になる確率が高くなる。それをあえて練習で想定するのではなく、**「もしタイブレークの場面が訪れたら、そのときの状況でサインを出す以外にない」**という考えをしたって、おかしな話ではない。

先の１００回大会の話で言えば、４校のうち１校は、タイブレークの練習を日頃から行っていたそうだ。だが、結果的にこの学校は負けてしまった。どうもその学校は「まずは１点をとってリードすること」に主眼を置いた攻撃をしていたようだが、この考え方も間違っている。

タイブレークになったら、先攻のチームは、「1点と言わず、できるだけ多くの点をとること」を重視し、後攻のチームは、「相手よりも1点でも多く得点をとること」をしなければ負けてしまう。当たり前のことではあるが、タイブレークの練習というのは、先攻、後攻のどちらを選択するかで攻撃のバリエーションが変わってくる。

つまり、先攻のチームが1点しかとっていなければ2点以上とればいいわけだし、5点とられたら6点以上とらなければ負けてしまう。そうなると走者を塁上にためて、攻めることで状況を打破するしか打つ手はない。

このようにタイブレークという制度は、ゼロの状態からチャンスを作るというプロセスが省かれてしまうことで、野球の醍醐味は失われてしまうのではないかと危惧している。

もちろん決まった以上はルールに対応していかなくてはならないのもまた事実だが、「タイブレークの練習そのものには意味がない」ということを、ここではあえて付け加えさせてもらいたい。

「投手の球数制限」に過敏になりすぎるな

もう1つ、「投手の球数制限」についても私は反対のスタンスである。たしかにとくに球数制限の議論を進めていくと、「投げ込むことが悪い」と思える空気感が蔓延しているように思える。

それでは投手は投げ込みをしてはならないのか。答えは「ノー」だ。

「肩は消耗品」と言われ、大リーグは「投げすぎると筋肉を痛める」という考え方が主流になりつつあるが、ある程度の球数を投げなければ、今より高いレベルに到達するのは不可能なのは間違いない。

野球においての技術を習得するとき、「もう限界だ」という場面は必ずやってくる。そこで必死になって壁を乗り越えていく。すると、また次の段階が見えてくる。突き進んでは乗り越えて、また突き進んでは乗り越える——。

この訓練を日々、繰り返していくと、気がつけば自分のレベルが最初の頃と比べてはるかに高いレベルに到達していることがわかる。壁を乗り越えられず、「もう限界だ」と思って挑戦することを止めてしまったら、その時点で成長することも止まってしまう。

一見、根性論のように聞こえるかもしれないが、そうではない。あくまでも選手が「もっとうまくなりたい。そのために練習するしかない」という理性的な意欲のことを指しているのだ。

技術を磨くとき、最初に学んでおくべき技術面の理論はある。これは自分の能力向上にかかわることだから、独学でやっているよりもしかるべき指導者の下できちんと学んでおくべきだ。

だが、実際に技術を磨いていくと、理論だけでは解決できない場面がやってくる。頭では理論は分かっているものの、体が頭に追いついていかない。「腕を鋭く振り抜きなさい」と言っても、どの程度鋭く振ればいいのか、今一つ分からない。

そこで、「どうすれば自分の体に、正しい技術を刷り込ませることができるのか」という次のステップに進む。

たとえばアウトコース低めにストレートを投げたいのだが、どうしても真ん中低めに行ってしまう。「どうやればいいんだろう」「ここで腕を振って」などと理論で考えているうちは絶対に決まらない。

何も考えずに本能だけで投げていると、それまで決まらなかったアウトコース低めのストレートが、突如として決まりだす。それまで10球中、1、2球しか投げられなかったはずなのに、4球、5球と増えていき、ついには10球すべて投げられるようになっていく。

理論では説明できない微妙な技術を体が無意識に会得したとき、それを人は「コツをつかんだ」と言う。高いレベルで野球をやっていく場合、コツをつかまないことには、技術が身につかずに淘汰されてしまうのがオチだ。

とくに投手は、若いうちは技術的に未熟である。それだけにクタクタに疲れるまで練習を行わせるべきだが、「投げすぎは肩やひじによくない」というもっともらしい理由で選手の練習にブレーキをかけてしまうと、間違いなく成長が止まってしまう。それで一番損をし、後々後悔するのは選手本人であるに違いない。

2018年の夏の甲子園では、金足農業の吉田輝星（現日本ハム）が注目された。決勝では大差で負けたが、彼の活躍なくしてこの学校の準優勝はあり得なかった。それを「球数制限」という理由だけで括ってしまうと、彼のようなワンマンチームの学校は甲子園はおろか、県大会までに負けてしまうことだって十分に考えられる。それが果たして選手たちのためになっていることなのだろうか？

もし試合での球数制限を設けるというのであれば、普段の練習時から球数制限を設けるべきだ。「1日50球」、あるいは「100球以上投げたら、翌日は投げてはいけない」など、やってみるべきだろうが、それで本当に好投手が育つのか。私は疑問の念を禁じ得ない。温室でヌクヌク育てたような投手ばかりでは、誰もがアッと言うような「本物の投手」が出てくるとは思えない。ハイレベルな投手を誕生させるには球数制限を行うことが有効な方法なのか、今一度議論してほしいところだ。

終章

「感謝の心」を持つことで、野球の技術は上達する

私が「感謝の気持ち」を持つのが大切だと説くワケ

この本の最後に、私はどうしても伝えたいことがある。それは、指導者は子どもたちに「周囲の人たちに対する感謝の気持ちを持たせて、野球をやらせなさい」ということだ。

私が野球を始めた少年時代、世は太平洋戦争の真っただ中にいた。物資が乏しく、また私の父は戦死したこともあって、経済的には非常に苦しかった。女手1人で兄と私を育ててくれた母に楽になってもらいたいと思い、「将来はプロ野球選手になって、大金を稼いでやる」という意識が強かった。

だが、今はモノに恵まれている。何もなかった昔と同じように、子どもたちに「ハングリーになりなさい」と言ったところで、まったく説得力がない。

そこで何を励みに野球を続けさせればいいのか。私は「周囲の人たちに対する感謝の気持ちを持たせる」こと以外にないと思う。

心おきなく野球をやらせてくれる両親、指導してくれる監督やコーチ、応援してくれるチームメイトやクラスメート、大勢の人が、

「野球をやっている君を応援してくれているんだぞ」

ということを分からせてあげないといけない。そこで「野球をやらせてくれて、ありがとうございます」という感謝の気持ちを芽生えさせることで、その子どもは人間的にもより大きく成長していくはずだ。

私がここまで口酸っぱく言うのには理由がある。これまで現役、監督時代を通じて、何百人というプロ野球選手を見てきたが、**「周囲の人に対する感謝の気持ちが欠けていた選手」、つまり自分中心の考え方をするような選手に、大成した者はいなかった**からだ。

たとえ一時期はブレークしたとしても、それは決して長続きしない。その選手が引退する頃になると、周囲には誰もいなくなっていた——。なんていうことも実際にあった。

たとえば何気なく使っているバットやグローブだって、お父さん、お母さんが、汗水流して一生懸命働いて、稼いだお金で買ってくれたものだ。それにもかかわらず、「バットやグローブは買ってもらって当たり前」などと考えているような子どもは、心にどこか甘えたところがあって、ミスをしたときに責任転嫁してしまうタイプが多い。

周囲に気遣いができるというのは、それだけ広い視野が持てているという証拠である。広い視野が持てれば、試合における仲間のポジションや、相手チームの雰囲気、グラウンドの状態など、幅広く観察ができるようになる。

日ごろの生活と野球がうまくなることは、かけ離れたことのように考えている人もいるかもしれない。だが、私は密接に関係していると断言するし、「心の成長」なくして野球の技術向上はあり得ないことだと確信している。

それだけにくどいようだが、「感謝の心」を子どもの頃から持たせることは、非常に意味のあることだということを、この本を読んでいる指導者のみなさんはどうか知っておいてほしい。

「家族を大切に思う気持ち」はチーム愛にもつながっていく

そしてもう1つ、「家族を大切にできないような子は、野球選手として大成しない」ということだ。

私は監督時代、あるコーチから、

「もし家族の誰かが病気で倒れてしまって、危篤状態になってしまった日に、試合があった場合、監督はどうしますか？」

と聞かれたことがあったが、私は迷わず「家族をとる」と答えた。そのコーチは私が「野球をとる」と答えると思っていたのだろう。非常に驚いた表情をしていたが、私にとってはごく当たり前の判断だ。

あれはたしか2007年のシーズン中だった。リック・ショートという外国人選手のお父さんが、バイク事故で意識不明の危篤状態にあるという知らせが入った。シーズンの終

盤で大事なときではあったが、私は迷わずコーチに、

「すぐにアメリカに帰らせなさい」

と伝えた。リックは私の言葉を聞いて初めは驚いた表情を浮かべたそうだ。ベンチで厳しい表情を浮かべている私しか知らないから、彼は意外だと思ったのかもしれない。

リックはこの年、日本ハムの稲葉篤紀と首位打者を争い、僅差で負けたもののリーグ2位の高打率を残して、5番打者としてチームの4位浮上に大きく貢献した。それだけにチームの主力選手がシーズン中にリタイアすることは痛手ではあったが、事が事だけに私も看過できなかった。その結果、リックは一時帰国を果たしたが、私は今でもこのときの判断は正解だったと思っている。

アメリカから海を渡ってプレーしている外国人選手は、家族を大切にしているケースが多い。けれども、私は「リックが外国人だから」という理由で帰国を許可したのではない。日本人選手がリックと同じような状況に陥った場合であっても、「すぐに家族の元に戻りなさい」と指示していたことは間違いない。

家族を大切にできないような選手が、大成するわけがない――。これは私の信念にも似た思いである。「野球さえできればそれでいい」という考え方でいて、本当に周囲の人は

温かく見守り、応援してくれるだろうか。私はそうは思わない。家族が親身になって応援してくれるからこそ、野球を続けることができているのだ。

万が一、その家族に不幸な事態が訪れたときには、「自分は家族を支える番だ」と腹を括って、自分が家族を応援する側に回る。そうしてお互いが支え合っていくことで、家族愛、ひいてはチーム愛というものが生まれてくるのではないだろうか。

今の時代、野球しか取り柄のない「野球バカ」に育てることは、マイナスでしかない。

指導者はそのことを心得て、未来ある子どもたちの指導にあたってもらいたいと、心からそう願っている。

野村 克也

1935年、京都府生まれ。峰山高校卒業後、1954年にテスト生として南海ホークス（現福岡ソフトバンクホークス）に入団。3年目でレギュラーに定着すると以降、球界を代表する捕手として活躍。70年には南海ホークスの選手兼任監督に就任し、73年にパ・リーグ優勝を果たす。78年、選手としてロッテオリオンズ（現千葉ロッテマリーンズ）に移籍。79年、西武ライオンズに移籍、翌80年に45歳で現役引退。27年間の現役生活では、三冠王1回、MVP5回、本塁打王9回、打点王7回、首位打者1回、ベストナイン19回。三冠王は戦後初、通算657本塁打は歴代2位の記録。90年、ヤクルトスワローズの監督に就任後に低迷していたチームを再建し、98年までの在任期間中に4回のリーグ優勝（日本シリーズ優勝3回）を果たす。99年～2001年阪神タイガース監督。06年～09年、東北楽天ゴールデンイーグルス監督。著書に『野村ノート』（小学館）『野村の流儀』（ぴあ）『野村克也 野球論集成』（徳間書店）など多数。

構成：小山 宣宏／本文・カバーデザイン：山内 宏一郎（SAIWAI DESIGN）／本文写真：時事通信フォト／DTPオペレーション：株式会社ライブ／編集協力：佐藤 英美／編集：滝川 昂、小室 聡（株式会社カンゼン）／取材協力：株式会社KDNスポーツジャパン

指導者のエゴが才能をダメにする　ノムラの指導論

発行日　　2019年4月25日　初版

著　者　　野村 克也
発行人　　坪井 義哉
発行所　　株式会社カンゼン
〒101-0021　東京都千代田区外神田2-7-1 開花ビル
TEL 03（5295）7723　FAX 03（5295）7725
http://www.kanzen.jp/
郵便為替 00150-7-130339
印刷・製本　　三晃印刷株式会社

万一、落丁、乱丁などがありましたら、お取り替え致します。
 ISBN 978-4-86255-480-2　Printed in Japan
定価はカバーに表示してあります。

ご意見、ご感想に関しましては、kanso@kanzen.jpまでEメールにてお寄せ下さい。
お待ちしております。